Luther und die deutsche Sprache

500 Jahre deutsche Sprachgeschichte im Lichte der neueren Forschung

Von

Werner Besch

ERICH SCHMIDT VERLAG

Bibliografische Information der Deutschen Nationalbibliothek
Die Deutsche Nationalbibliothek verzeichnet diese Publikation
in der Deutschen Nationalbibliografie;
detaillierte bibliografische Daten sind im Internet über
http://dnb.d-nb.de abrufbar.

Weitere Informationen zu diesem Titel finden Sie unter
ESV.info/978 3 503 15522 4

Umschlaggestaltung unter Verwendung einer Abbildung von
Martin Luther, 1528, aus der Cranachschen Werkstatt.
Mit freundlicher Genehmigung der Stiftung Luthergedenkstätten
in Sachsen-Anhalt.

Gedruckt mit freundlicher Unterstützung des Vereins zur Erforschung
der kirchlichen Zeitgeschichte nach 1945.

Gedrucktes Werk: ISBN 978 3 503 15522 4
eBook: ISBN 978 3 503 15523 1

Alle Rechte vorbehalten.
© Erich Schmidt Verlag GmbH & Co. KG, Berlin 2014
www.ESV.info

Dieses Papier erfüllt die Frankfurter Forderungen der Deutschen Nationalbibliothek
und der Gesellschaft für das Buch bezüglich der Alterungsbeständigkeit
und entspricht sowohl den strengen Bestimmungen der US Norm Ansi/Niso
Z 39.48-1992 als auch der ISO-Norm 9706.

Druck und buchbinderische Verarbeitung: Kösel, Altusried-Krugzell

Dieses Buch ist meiner Frau gewidmet

Die Widmung ist Ausdruck großer Dankbarkeit für allen Beistand in einer lebenslangen Partnerschaft, für Freiräume im Alltag, für Denkanstöße im lebendigen Gespräch, für kritische Einwände und sprachliche Optimierungshilfen, für digitale Recherchen und viele Handreichungen. In einem gemeinsamen philologischen Studium wurde der Grund für dieses Miteinander gelegt. Es ist uns bis in das Alter erhalten geblieben.

Inhalt

Vorwort 9
I. Hinführung 11
II. Schreibsprachen vor Luther (15. Jahrhundert) 17
III. Schreib- und Druckersprache in Wittenberg.
Die sprachliche Einbindung Luthers 33
IV. Bibelübersetzung/ Übersetzungsprinzip 41
V. Sprachmächtigkeit Luthers und seine lebenslange
Spracharbeit 49
VI. Die Verbreitung der ‚Lutherbibel' und die sprachliche
Reaktion der Regionen im 16.-18. Jahrhundert 57
VII. *Wo das beste Teutsch zu finden sei.* – Äußerungen von
Autoren des 16. und 17. Jahrhunderts über die Sprache
von Orten, Regionen, Institutionen und Personen und
deren Geltung/ Prestige 81
VIII. Unsere Schriftsprache: Entstehungstheorien
(1863/ 1884/ 1936) 97
IX. Vom Mittelhochdeutschen zum Neuhochdeutschen
(15.-18. Jahrhundert): Übergänge in den Schreibsprachen
der Regionen. Textkorpora als Dokumentation der
sprachlichen Abläufe in Zeit und Raum 103
X. ‚Sprachschöpfer' oder ‚Nachzügler'? Auskünfte der
neueren Sprachforschung 129
XI. Der lange Weg zur Einheit der deutschen Sprache.
Ein Rückblick 139
XII. Abgesang: Daten später Normierungen und Festlegungen 159
Abbildungsverzeichnis 167
Anmerkungen 171

Vorwort

1517 trat Martin Luther mit seinen 95 Thesen an die Öffentlichkeit. „Sie sind nichts als ein Thesenpapier, aber ein solches, das Weltgeschichte gemacht hat." So formuliert es Martin Brecht in seiner Lutherbiographie (Bd. I, 1990, 194). Die Übersetzung des Neuen Testamentes 1522 war zunächst eine einsame Leistung in der Abgeschiedenheit der Wartburg, ohne Hilfen, ohne Existenz einer verbindlichen deutschen Schriftsprache. Das war der zweite bedeutende Schritt in die Öffentlichkeit mit einer ebenso großen und vorher unvorstellbaren geschichtlichen Wirkung. Die deutsche Bibel wurde zu einem sprachlichen und religiösen Bollwerk für die Zeit der Reformation und weit darüber hinaus. Luther sieht in dieser gedolmetschten Bibel das Hauptstück seiner Lebensarbeit und lenkt in der Kirchenpostille (WA 10/I,1 S. 728) mit folgendem Wunsch den Blick ausschließlich auf die Bibel, auf das Wort Gottes: „O das gott wollt, meyn und aller lerer außlegung untergiengen, unnd eyn iglicher Christen selbs die blosse schrifft [...] fur sich nehme!" Hier ist Luther der dem Glauben Dienende, der mit einer großen Mission Beauftragte, uneitel bezüglich der eigenen Person.

Das Bibeldeutsch Luthers, gefestigt in lebenslanger Spracharbeit, wird im Nachhinein ein wichtiger Steuerungsfaktor für die Ausbildung der deutschen Schriftsprache. So kommt es schließlich dahin, dass die Reformation einerseits zur Kirchenspaltung führt, andererseits zur deutschen Spracheinigung verhilft. Beides war in Luthers Vorhaben in dieser Form nicht gewollt, keineswegs angestrebt.

Wie es zu dieser Spracheinigung kam, ist noch nicht in allen Einzelschritten beschrieben und wechselseitig abgestimmt worden. Das gilt auch für die Rolle Luthers in den einzelnen Phasen der Sprachentwicklung. Im vorliegenden Buch wird ein Überblick über die neuere sprachgeschichtliche Forschung zu diesen Fragen versucht. Er kann nicht absolut vollständig und auch nicht ganz frei von subjektiver Einschätzung sein – bei allem Bemühen. Der Autor hofft, mit einer gut verständlichen Sprache ein breites Publikum zu erreichen, insbesondere sprach- und konfessionsgeschichtlich Interessierte. Mit Blick auf germanistische Fachvertreter ist der Anmerkungsapparat ausführlicher angelegt und auch das eine oder andere Kapitel (etwa Kap. IX) etwas detaillierter abgehandelt. Wen das ‚stört', der kann ja die entsprechenden Seiten überblättern.

Zu danken habe ich vielfach: Herrn Wegera und seinem Bochumer Lehrstuhl, insbesondere Sarah Kwekkeboom (M.A.) für die Schreib- und Formatierungsarbeit, Herrn Jürgen-Matthias Springer (Essen) für den Anstoß zu diesem Buch, Frau Carina Lehnen vom Erich Schmidt Verlag für die Aufnahme dieser Abhandlung in das Verlagsprogramm und für ihre hilfreiche Textbetreuung. Gespräche im engeren Kollegenkreis haben den ein oder anderen Aspekt noch klarer heraustreten lassen, das behalte ich in dankbarer Erinnerung. Druckerlaubnis für Bildzeugnisse hat mir die „Stiftung Luthergedenkstätten in Wittenberg" gewährt.

Herbst 2013   Werner Besch, Bonn

I. Hinführung

Von der evangelischen Kirche in Deutschland und weltweit wird 2017 das Jubiläumsjahr „500 Jahre Reformation" gefeiert. Es erinnert an Luthers Veröffentlichung seiner 95 Thesen 1517 in Wittenberg. „Sie sind nichts als ein Thesenpapier, aber ein solches, das Weltgeschichte gemacht hat."[1] Insofern steht dieses Datum für den Beginn der Reformation. Die Reformation ist auch ein Wirkfaktor in und für die deutsche Sprachgeschichte. Das bezieht sich vor allem auf die verdeutschte Bibel und deren erstaunliche ‚nationale Aneignung' im Laufe der Zeit. Schon zu Luthers Zeit werden seine Verdienste um die deutsche Sprache hervorgehoben. Justus Jonas formuliert es in seiner Eislebener Rede (19. Febr. 1546) am Sarge Luthers vor der Überführung nach Wittenberg so: „[...] er hat die Deutsche sprach wider recht hervür gebracht, das man nu wider kan recht deudsch reden und schreiben [...]."[2] In den Jahrzehnten nach Luthers Tod wird er dann ‚Vater deutscher Sprach' genannt, in späterer Zeit sogar ‚Schöpfer' der neuzeitlichen deutschen Schriftsprache. Das ‚Schöpfer'-Prädikat geht weit über alle Möglichkeiten eines einzelnen Menschen hinaus und ist Ausdruck protestantischer Hypostasierung. Konfessionelle Minderungen der Sprach- und Übersetzungsleistung Luthers gehen entsprechend von der katholischen Seite aus. Über beide Extreme der Luthereinschätzung in der konfessionellen Auseinandersetzung ist – im Lichte der neueren Forschung – noch einmal zu sprechen.

Luther ist also sprachlich von Anfang an einbezogen, wie und in welchem Umfang, das ist über lange Zeit nicht im Einzelnen ersichtlich. Dieser Zustand hält im Großen und Ganzen an bis etwa Mitte des 20. Jahrhunderts. Nicht, dass man das vielfältige Lob Luthers und seiner Sprache aus dem Mund bedeutender Größen der deutschen Geistesgeschichte wie Herder, Goethe und etwa Jacob Grimm nicht zur Kenntnis genommen hätte – das sind sehr wohl Fakten, Gesamturteile aus bedeutendem Mund, aber keine Detailangaben über die tatsächliche Verquickung lutherischen Sprachgebrauchs mit der Entstehung der neuhochdeutschen Schriftsprache. Luther hatte für seine

Bibelübersetzung noch keine genormte überregionale Schriftsprache zur Verfügung. Seine Schreibsprache aus dem östlichen Mitteldeutschen stand in Konkurrenz mit Schreibsprachen des Südens und des Nordens. Im 16. Jh. war das noch sehr gut an den Texten ablesbar, etwa an den regionalen Abdrucken der ‚Lutherbibel' mit erklärenden Glossaren und orthographischen, ebenso auch flexionsmorphologischen Veränderungen. Kein Wunder, dass der Sprachnormstreit ‚Was ist Hochdeutsch?' im 17. Jh. ausbrach und noch im 18. Jh. eine Fortsetzung fand. Es dauerte nahezu zwei Jahrhunderte, bis die althergebrachte Gleichrangigkeit sprachlicher Regionen in Deutschland durch eine Überordnung auf mitteldeutscher Basis abgelöst war. Und damit sind wir mit zahlreichen Ausgleichsvorgängen in der Tat deutlich auf der Lutherspur.

Das war etwa der Kenntnisstand bis zur Nachkriegszeit. Auch waren bis dahin mit der Zeit drei Entstehungstheorien der neuhochdeutschen Schriftsprache vorgestellt worden. Sie stehen im Widerspruch zueinander, sie gehen im zeitlichen Ansatz und bezüglich der bestimmenden Faktoren sehr unterschiedliche Wege. Luther wird allerdings in allen drei Theorien für die jeweilige Endphase der Ausbreitung bemüht. Insofern gehört er mit Recht in den Diskussionszusammenhang der Entstehungstheorien. Diese werden an späterer Stelle noch genauer vorgestellt und im Lichte der neueren Forschung beurteilt (s. Kap. VIII).

Es soll mit dieser ‚Einführung' keineswegs das Bemühen früherer Generationen um die sprachlichen Verdienste Luthers geschmälert werden. Es blieb aber beim genauen Hinsehen eine Reihe von Fragen offen. Sie wurden im germanistischen Universitätsbetrieb ab 1950 zunehmend gestellt und mit konkreten Untersuchungen verbunden. Die Fragen berühren folgende Aspekte:

- Welche schreibsprachlichen Verhältnisse in Deutschland waren vor Luther gegeben? Eine entsprechende Untersuchung von Texten des 15. Jhs in der Fläche könnte deutlich machen, wo Luther eventuell anknüpfen konnte, und wie seine Herkunfts- und Wirkungsregion schreibsprachlich eingeordnet war.[3]

- Wie ist Luthers eigene Schreibsprache der äußeren Gestalt nach einzuordnen in den wittenbergischen Schreibusus, bzw. weitergreifend, in den Usus der kursächsischen Kanzlei seiner Zeit? Hier sind zu Luthers eigenen Angaben umfassende Untersuchungen aus den letzten Jahrzehnten gekommen, die uns nun ein genaueres Bild vermitteln können.
- Hinsichtlich des Terminus ‚Luthersprache' ist deutlich zwischen äußerer Sprachgestalt und Sprachmächtigkeit zu unterscheiden. Erstere unterliegt im Laufe der Zeit gewissen Veränderungen. Letztere ist permanent manifest. Es ist zu fragen, inwiefern es ohne diese Differenzierung zu Fehlurteilen über Luthers Sprache gekommen ist – auch in den forschungsintensiven Jahrzehnten nach 1950.
- Wie ist die Rezeption der ‚Lutherbibel' vom 16.-18. Jh. sprachlandschaftlich verlaufen? Hier gibt es auch schon aus früherer Zeit gute Beobachtungen. Ab 1694 finden sich Glossare, unbekannte deutsche Wörter in der Bibel betreffend. Die Textstabilität der ‚Lutherbibel' in Wortschatz, Syntax und Stil wird jedoch für ca. 400 Jahre gewährleistet. Diskussionen im 17. und 18. Jh. machen auf ein Veralten des Bibeltextes aufmerksam. Aber erst Ende des 19. Jhs kommt es zu einer ersten kirchenamtlichen Revision (Abschluss 1892), es folgt mit Abschluss 1912 die zweite, 1984 die dritte und derzeit letzte kirchenamtliche Revision.
- Wie äußern sich Autoren im 16. und 17. Jh. über ihre Sprache, über die Sprache von Orten und Regionen, bezogen auf deren besondere Geltung? Es fehlte lange eine systematische Erkundung der explizit sprachlichen Einschätzung dieser Art, authentische Äußerungen damaliger Zeitgenossen. Sie sind von großer Wichtigkeit – und sie sind es auch dann noch, wenn sie eine ‚irrtümliche Ansicht' kundtun, denn die deutsche Geschichte verläuft polyzentrisch, nicht monozentrisch, und entsprechend offen und eher ungerichtet verläuft auch die Sprachentwicklung noch im 16. und z. T. im 17. Jh.
- Wie äußerten sich Sprachhistoriker über die Entstehung der Neuhochdeutschen Schriftsprache (Drei Theorien von 1863-1936)?

- Neben Luther, der Bibelrezeption und der originalen Sprachein-
schätzung im 16. und 17. Jh. ist die Entwicklung der regionalen
Schreibsprachen vom 14.-17., mit Erweiterungen bis in das 18. Jh.,
genauer zu prüfen. Das kann am besten auf der Basis eines syste-
matisch anzulegenden Textkorpus geschehen. Es wird speziell
danach zu fragen sein, wie sich etwa die flexionsmorphologischen
Umsortierungen zum Neuhochdeutschen hin nach Zeit und Art
der Änderungen in den Schreiblandschaften im Einzelnen abzeichnen. Das lässt dann auch ein Urteil zu, ob und zu welcher
Zeit in bestimmten Fällen Sprachlandschaften oder etwa die Bibel
den ‚progressiven' Part übernehmen.

Es wurde im Vorausgehenden eine Reihe von Fragen und Aspektuierungen aufgezeigt, die geeignet sein können, die schriftsprachlichen
Entwicklungen vom 16.-18. Jh. verlässlich zu erkennen. Dabei wird
auch der sprachliche Wirkfaktor ‚Luther' deutlicher heraustreten. Es
ist ja an der Zeit, dass auch die Sprachgemeinschaft Deutsch endlich
eine stimmige Antwort auf die häufig gestellte Herkunftsfrage geben
kann. Die Unsicherheit ist allgemein groß, selbst bei Akademikern.
Andere Sprachnationen kennen ihre Antwort da genauer – und schon
länger.

Die Absicht des Verfassers dieser Zeilen ist es daher, sprachge-
schichtlich Interessierte jetzt mitzunehmen in die Werkstatt der
Spurensucher im historischen Feld und sie in die Arbeitsmethoden
anhand der gestellten Fragen einzuführen. Die Teilergebnisse werden dann am Schluss zu einem Gesamtergebnis zusammengeführt.[4]
Dem Experten sind zwar die Untersuchungen der genannten Aspekte in der Regel bekannt, aber eine Zusammenführung der so
gewonnenen Teilergebnisse liegt auch noch nicht vor. Hier soll sie
versucht und auch einem größeren Kreis verständlich dargeboten
werden.

Nach dem Gesamtergebnis werden dann nur noch einige Daten
der weiteren Sprachnormierung aufgelistet, z. B. die erste große Or-
thographie-Normierung, die erste Aussprachenormierung (Bühnen-

aussprache); die Akzeptation staatlicher Varianten der deutschen Standardsprache (Schweiz, Österreich, Deutschland), dies nur mehr als sprachgeschichtliche Abrundung ohne mittelbaren Lutherbezug.

II. Schreibsprachen vor Luther (15. Jahrhundert)

Im folgenden Kapitel geht es um die Fragen: Was galt vor Luther? Wo konnte er eventuell anknüpfen? Wie war seine Herkunfts- und Wirkungsregion schreibsprachlich eingeordnet?

Der Autor dieses Buches kann sich hier auf seine Habilitationsschrift stützen.[5] Sie ist in ihrer ganzen Anlage ausgerichtet auf eine Untersuchung der schreibsprachlichen Verhältnisse vor Luther. Die Wahl fiel auf einen Massentext der Erbauungsliteratur, nämlich Ottos von Passau: „Die vierundzwanzig Alten", ein Vademecum für ein christliches Leben in 24 Kapiteln, das vornehmlich im 15. Jh. in zahlreichen Regionen abgeschrieben, später auch gedruckt wurde. Es sind über 120 Handschriften erhalten, sodann eine Anzahl von Drucken. Die Arbeitshypothese ging davon aus, dass der Ausgangstext bei seiner Übernahme in andere Regionen schreibsprachlichen Veränderungen unterworfen sein würde, so dass sich ein Muster arealer Unterschiedlichkeit abzeichnen könnte. Das ist in der Tat geschehen. Auf der Grundlage von 68 ausgewählten Handschriften, ergänzt nach Norden hin durch wenige Textzeugen anderer Herkunft, konnten hundert Karten sprachregionalen Zuschnitts im Textvergleich erarbeitet werden. Anhand dieses zwar begrenzten aber dennoch fürs erste ergiebigen Textkorpus deuten sich im 15. Jh. noch ältere Sprachlagerungen an, die dann ab dem 16. Jh. zunehmend verlagert oder gar überlagert werden. Eine kleine Auswahl aus den hundert Karten soll sowohl ältere Lagerung aufzeigen wie auch die Einordnung des östlichen Mitteldeutschen (obersächsisch-meißnisch) in den Blick nehmen. Es tauchen im Folgenden sprachregionale Bezeichnungen auf, die in der Dialektologie entwickelt wurden. Sie werden auch sprachhistorisch benutzt, etwa Niederdeutsch, Mitteldeutsch, Oberdeutsch. Die hier vorangestellte Karte verzeichnet die areale Verteilung.

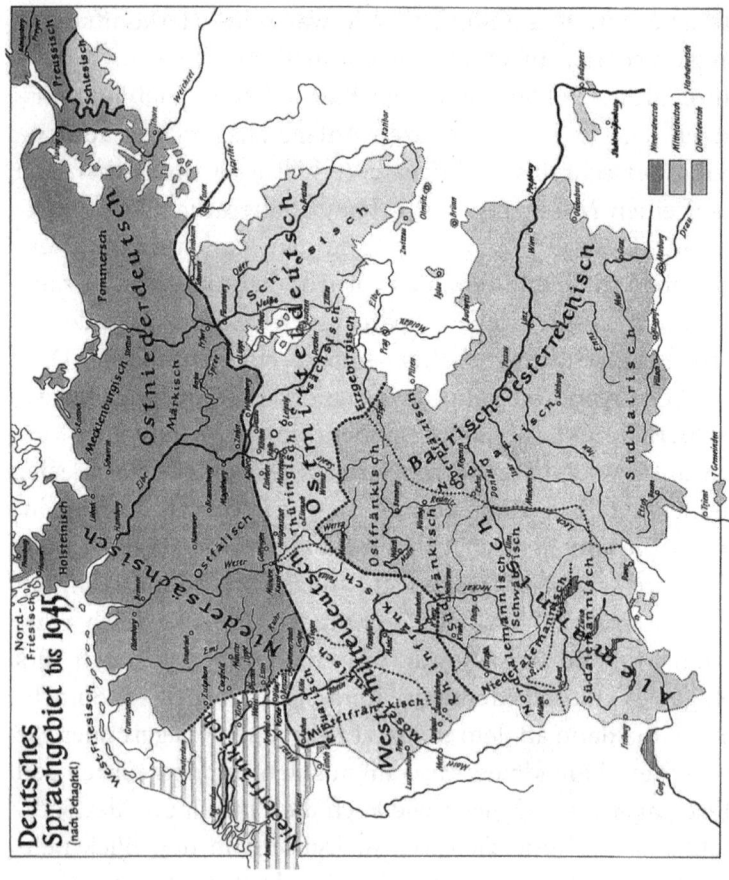

Abb. 1: Deutsches Sprachgebiet bis 1945. Benennung der Sprachräume (nach S. Sonderegger 1979)

Die Auswahl beschränkt sich auf zwei Raumkonstellationen: I. einen Nord-Süd-Gegensatz, II. einen West-Ost-Gegensatz. Für I. dienen drei Karten zur Anschauung (s. S. 20-22); deren Nummerierung entspricht der Publikation von 1967 (s. Anm. 5).

suster/ schwester (Abb. 2, Karte 20)

suster ist die nordwestliche und nördliche Form, das übrige Gebiet hat die Bezeichnung *schwester*, die Eingang findet in die neuhochdeutsche Schriftsprache. Die ostmitteldeutsche Region hält sich zum Süden.

demůtekeit/ oetmoedicheit (Abb. 3, Karte 38)

Diese Karte zeigt eine ähnliche Verteilung wie Karte 20. Der Gegensatz *diomuot(i)/ ôdmôd(i)* ist alt, er führt bekanntlich zurück in die Missionszeit des 8. Jhs mit ihren unterschiedlichen Verdeutschungen des latein. *humilitas*. Im 16. Jh. erlischt die nördlich-nordwestliche Variante, schriftsprachliche Geltung erhält nur die südliche Wortwurzel *Demut*.

kam/ quam (Abb. 4, Karte 24)

Mit *kam/ quam* fassen wir die alte Unterschiedlichkeit in der Präteritalbildung von *quemen/ (kommen)*, die übrigens immer wieder dazu benutzt worden ist, altdeutsche Handschriften sprachlandschaftlich einzuordnen. Der Nord-Süd-Gegensatz ist noch gut erkennbar, wenn sich auch schon ein Übergreifen der oberdeutschen Form nach Thüringen-Sachsen andeutet. Bei Luther sind die oberdeutschen Formen *kam/ kamen* durchgeführt.

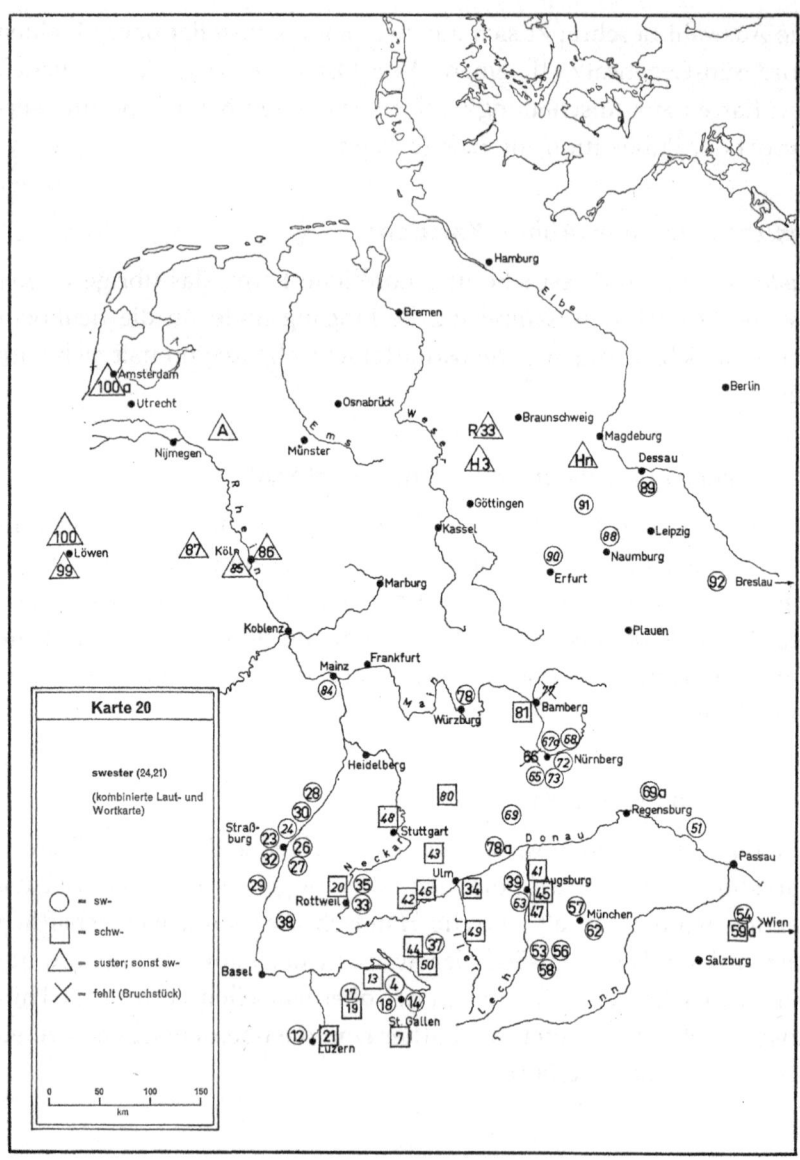

Abb. 2: schwester/ suster (aus: Besch 1967, S. 112, Karte 20)

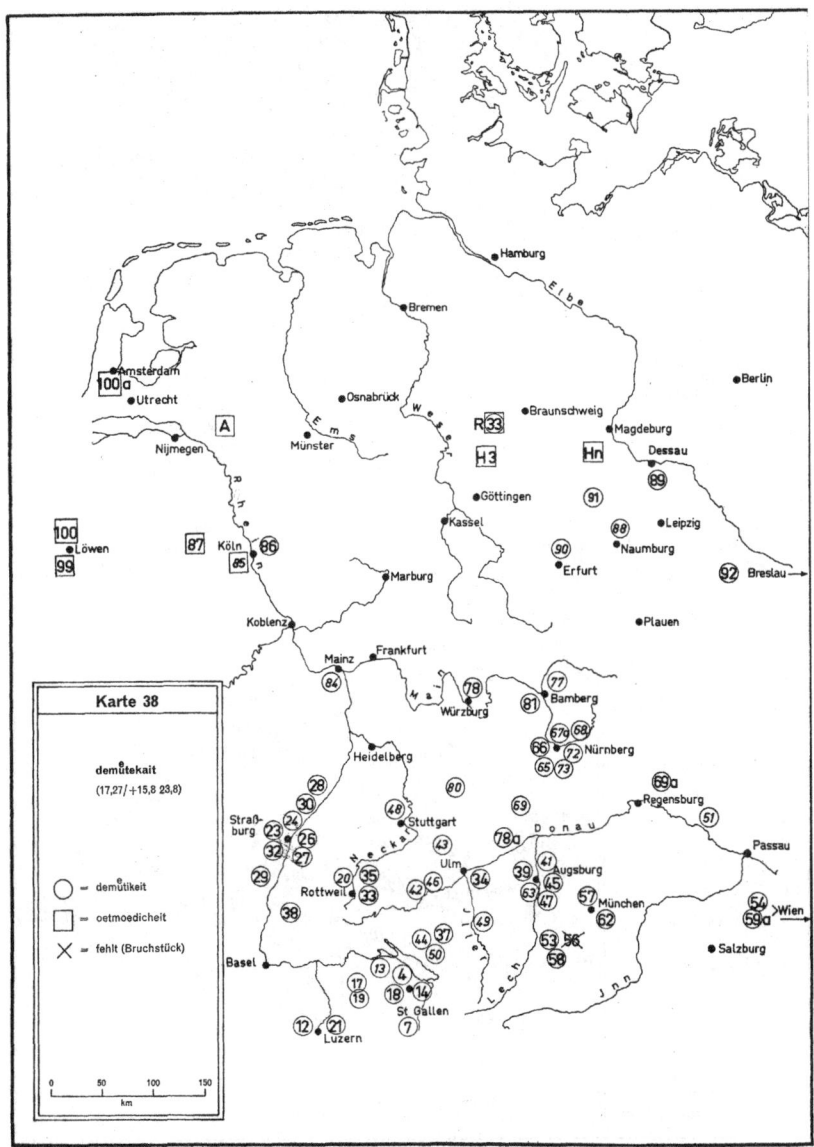

Abb. 3: demůtekeit/ oetmoedicheit (aus: Besch 1967, S. 153, Karte 38)

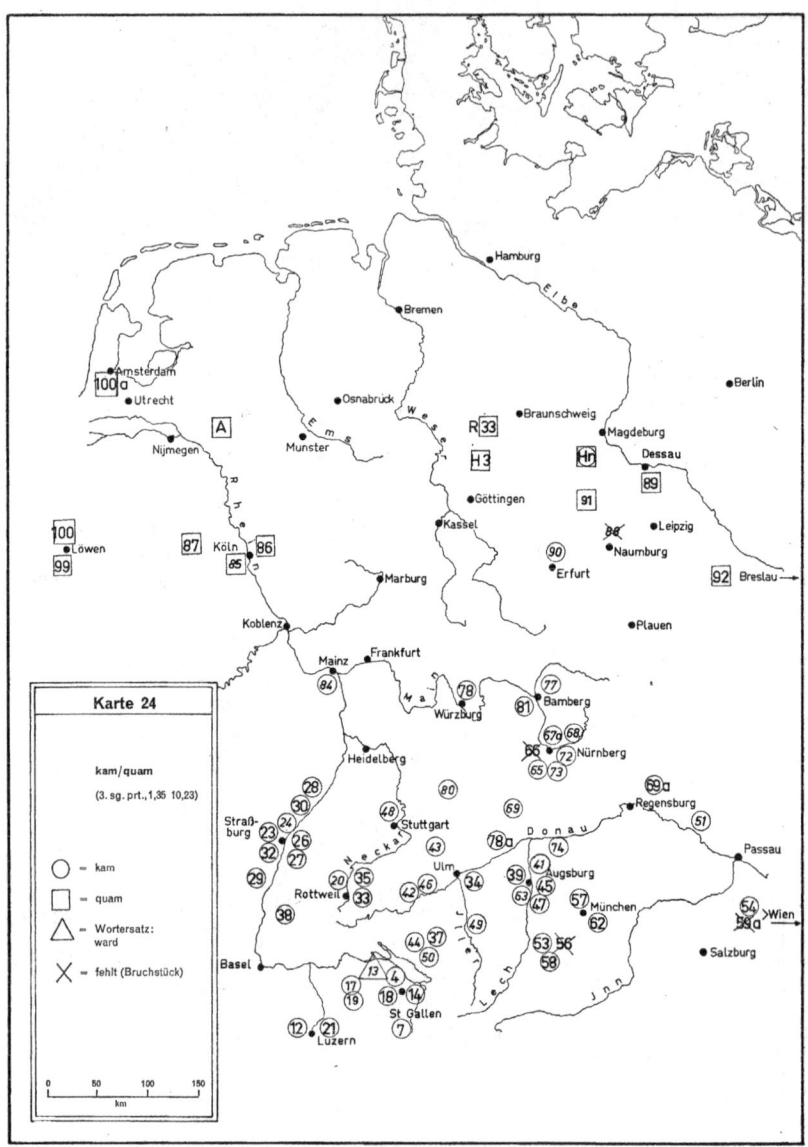

Abb. 4: kam/ quam (aus: Besch 1967, S. 119, Karte 24)

Für II., den West-Ost-Gegensatz, mögen vier Karten zu Veranschaulichung dienen (s. S. 25-28).

gan/ gen (Abb. 5, Karte 4)

Dieser Gegensatz gilt auch in gleicher räumlicher Verteilung für *stan/ sten*. Die *e*-Form ist die jeweils jüngere, sie geht wohl vom Bairischen aus, im 15. Jh. ist das Ostfränkische (Nürnberg/ Bamberg) schreibsprachlich einbezogen, zum größeren Teil auch das Ostmitteldeutsche, wo ursprünglich *gan* anzusetzen ist. Für Luther sind beide Formen belegt, *gan* häufig noch in den Frühschriften, in den späten Schriften nur *gehen*. Es ist eine Ostallianz zu erkennen: Ostoberdeutsch, Ostfränkisch, Ostmitteldeutsch.

oft/ dicke (Abb. 6, Karte 39)

Hier wiederholt sich eine ähnliche Lagerung wie bei Karte 4, wenn auch häufiger noch mit einem gewissen Anteil von Doppelformen, d. h. mal *oft*, mal *dicke* in vielen Texten des Ostteils. Luther verwendet *dicke* nur am Anfang, dann *oft*. Offensichtlich zählt *dicke* (= *oft*) nicht zu den starken Markierungswörtern, denn die Ablösung von *dicke* durch *oft* zieht sich im Schrifttum bis in das 18. Jh. hinein.

minne/ liebe (Abb. 7, Karte 54)

Diese beiden Wörter, *minne* und *liebe* (mit identischer Bedeutung in den Otto von Passau-Texten), bilden im 15. Jh. einen großen sprachräumlichen Gegensatz. Das war (1967, s. Anm. 5) zunächst ein erstaunliches und bis dahin nicht bekanntes Faktum. Nach landläufiger Meinung hatte das Wort *minne* im Spätmittelhochdeutschen eine derart starke Bedeutungsverschlechterung erfahren (in Richtung ‚sinnlicher Liebe, koitus'), dass es seit dem 15. Jh. als unanständig galt und durch *liebe* ersetzt wurde. Es handelt sich also um Wortverdrängung aus sprachsoziologischen Gründen. Diese Erklärung mag so eigentlich nur für das östliche Gebiet gelten, wo *liebe* bereits das allgemeine Wort ist, und *minne* daher eine sehr spezielle Bedeutung erhalten haben könnte. Für das westliche Gebiet trifft sie sicherlich nicht zu. Die schriftsprachliche Durchsetzung von *Liebe* ist somit primär wohl eher sprachgeographisch als sprachsoziologisch zu verstehen, zumal wiederum Ostoberdeutsch, Ostfränkisch und Ostmitteldeutsch zusammenstimmen und in dieser Konstellation, später zusammen mit Luther, den Ausschlag geben.

die touf(e), bzw. dope/ der touf (Abb. 8, Karte 77)

Die letzte Karte liefert ein Beispiel für ein Schreibprofil mit zunehmender Isolierung des westlichen Oberdeutschen und teilweise auch des Ostfränkischen. Es geht um landschaftliche Unterschiede im grammatischen Genus des Wortes *Taufe*. Der Norden zeigt klar das Femininum, im Ostfränkischen und Ostoberdeutschen vollzieht sich wohl ein Übergang vom Maskulinum zum Femininum, das westliche Oberdeutsche bewahrt altes Maskulinum. Luther übernimmt, wie von Karte 77 her zu erwarten, das Femininum mitteldeutsch-niederdeutscher Herkunft, gestützt durch die entsprechenden Ansätze im Ostoberdeutschen.

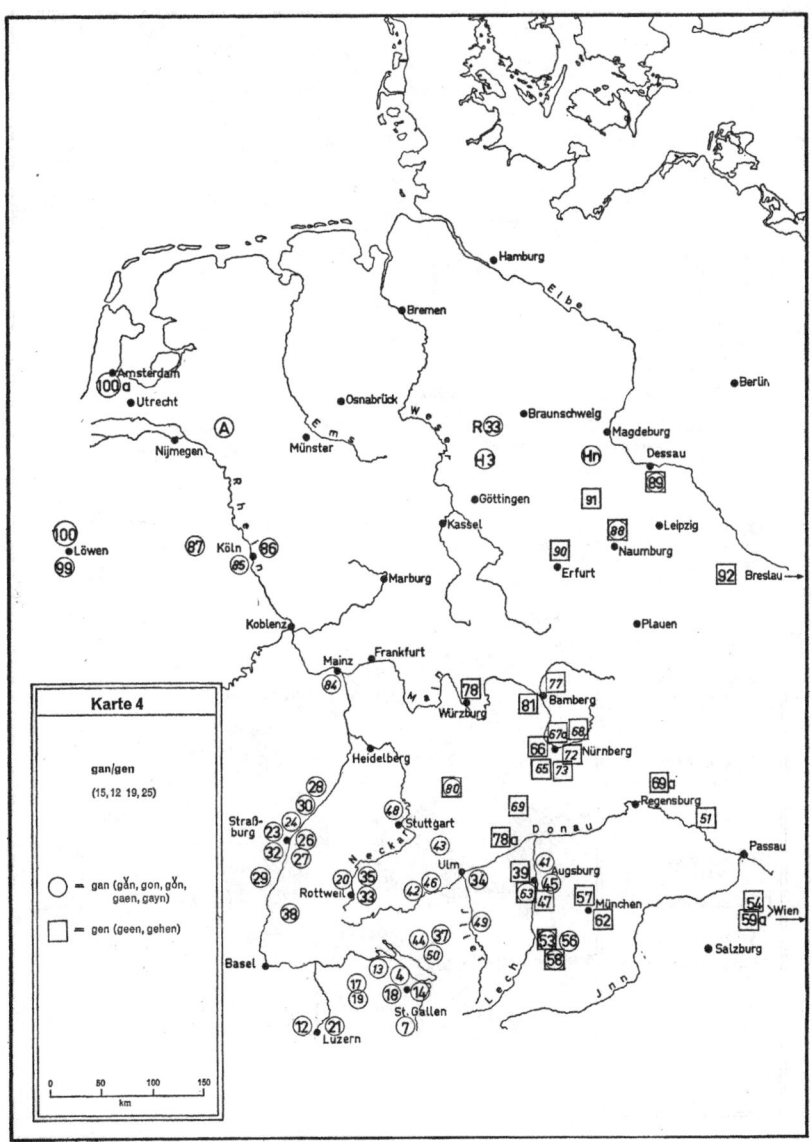

Abb. 5: gan/ gen (aus: Besch 1967, S. 82, Karte 4)

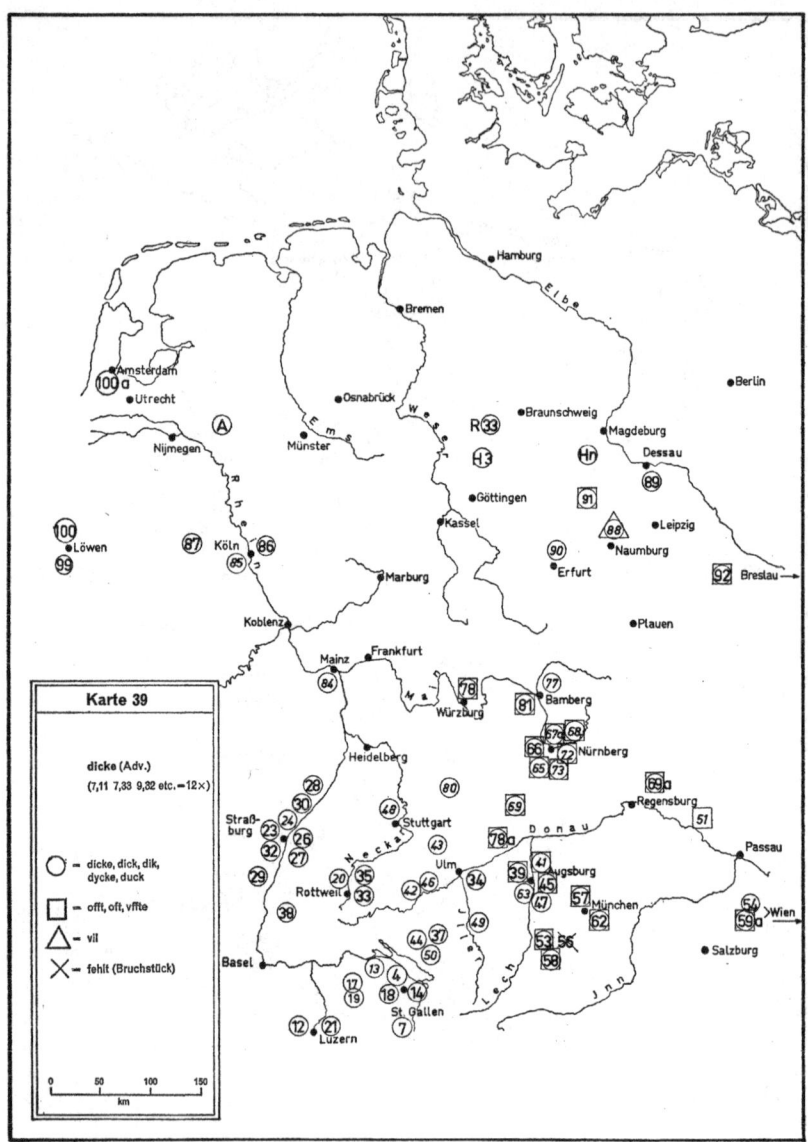

Abb. 6: oft/ dicke (aus: Besch 1967, S. 154, Karte 39)

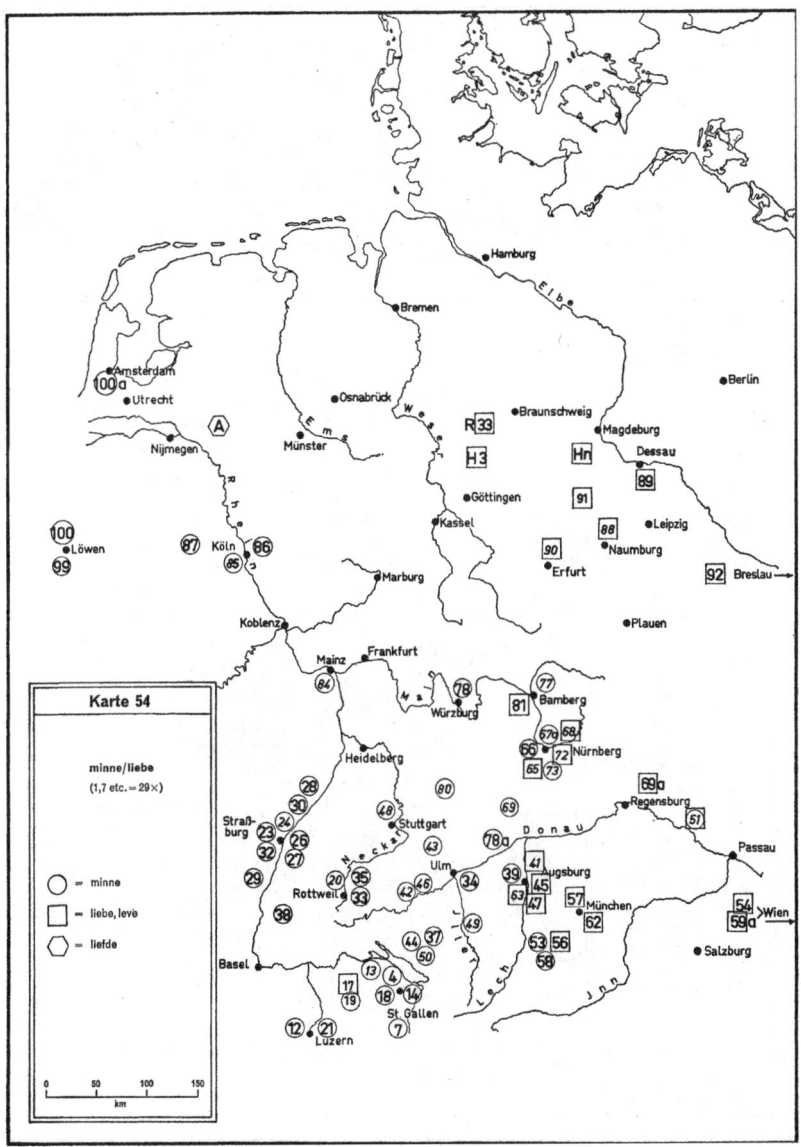

Abb. 7: minne/ liebe (aus: Besch 1967, S. 193, Karte 54)

28

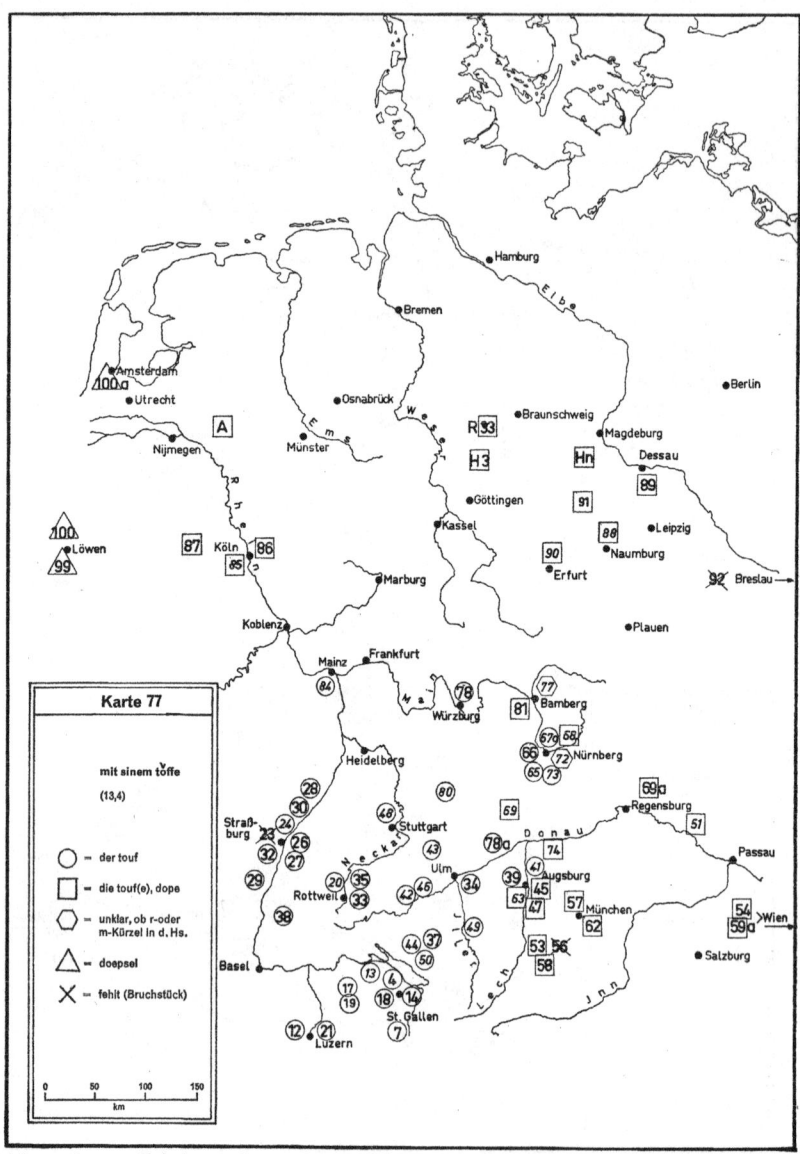

Abb. 8: die touf(e), bzw. dope/ der touf (aus: Besch 1967, S. 250, Karte 77)

Zusammenfassung

Was können wir mit einiger Sicherheit von den vorgestellten Schreibsprachkarten des 15. Jhs ablesen? Die zugrundeliegenden Untersuchungen an den Otto von Passau-Texten waren ja unternommen worden, um den schreibsprachlichen Zustand des 15. Jhs und damit eine Art Hintergrundfolie für die sprachlichen Umwälzungen in der Folgezeit herauszuarbeiten. Man darf wohl sagen, dass die Hintergrundfolie in Umrissen greifbar wird und dienlich sein kann für das Weitere. Die ersten drei Karten sind grob dem Nord-Süd-Gegensatz (I.) zugeordnet. Es deutet sich an, dass der geschlossene Süden in Kombination mit dem Ostmitteldeutschen so etwas wie eine Siegerkombination für die Zukunft sein könnte. Nimmt man den West-Ost-Gegensatz (II.), so scheint die östliche Kombination von Ostoberdeutsch, Ostfränkisch, Ostmitteldeutsch eindeutig dominant zu sein gegenüber den Westregionen. Diese Lagerungen können sich mit einiger Sicherheit wohl auf die weitere Entwicklung der Schriftlichkeit auswirken. Es scheint dabei auf eine Fokussierung auf das Ostoberdeutsche zusammen mit dem Ostmitteldeutschen hinauszulaufen. Der Westen übernimmt wohl, wie es scheint, kaum eine Führungsfunktion. Das ist letztlich erstaunlich, da im Mittelalter bis in die frühe Neuzeit hinein gerade auch der Südwesten, das südwestliche Oberdeutsche, eine Art Vorrangstellung hatte.[6]

Man muss an dieser Stelle auch frühere Äußerungen von Ludwig Erich Schmitt[7] und Walter Henzen[8] anführen. Schmitt sieht in der zweiten Hälfte des 15. bis tief in das 16. Jh. hinein einen starken Einfluss des Ostfränkischen (Nürnbergs) auf die schreibsprachlichen Entwicklungen in Meißen-Thüringen. Gewisse ostmitteldeutsche Leitformen werden unter südlichem Druck aufgegeben (1936, S. 209).

Henzen (1954, S. 89) spricht ganz allgemein von spezifisch mitteldeutschen Formen, die in der wettinischen Kanzlei vom 6. bis 9. Jahrzehnt des 15. Jhs verdrängt werden. Im größeren Rahmen kann man in Ansätzen von einem Ineinanderfließen der Schreibtraditionen des Südostens und des mitteldeutschen Ostens sprechen.

Luthers Beschreibung seiner eigenen Sprache fügt sich späterhin offensichtlich wirklichkeitsbezogen in einen solchen Rahmen ein. Er beruft sich in seinem bekanntesten Zitat über seine Sprache in den Tischreden[9] (WATR 2 Nr. 2758 b) auf die Sächsische Kanzlei und die Kanzlei Kaiser Maximilians I:

> Nullam certam linguam Germanice habeo, sed communem, ut me intelligere possint ex superiori et inferiori Germania. Ich rede nach der Sechsischen cantzley, quam imitantur omnes duces et reges Germaniae; alle reichstette, fürsten höfe schreiben nach der Sechsischen cantzleien vnser churfürsten. Ideo est communissima lingua Germaniae. Maximilianus imperator et elector Fridericus imperium ita ad certam linguam definierunt, haben also alle sprachen in eine getzogen.

Es folgt hier auch noch die in der Literatur häufig zitierte, ganz verdeutschte Fassung dieses Zitats durch Aurifaber (WATR 1 Nr. 1040), deren Orthographie im 19. Jh. modernisiert wurde:

> Ich habe keine gewisse, sonderliche, eigene Sprache im Deutschen, sondern brauche der gemeinen deutschen Sprache, daß mich beide, Ober- und Niederländer verstehen mögen. Ich rede nach der sächsischen Canzeley, welcher nachfolgen alle Fürsten und Könige in Deutschland; alle Reichsstädte, Fürsten-Höfe schreiben nach der sächsischen unsers Fürsten Canzeley, darum ists auch die gemeinste deutsche Sprache. Kaiser Maximilian und Kurf. Friedrich, H. zu Sachsen ec. haben im römischen Reich die deutschen Sprachen also in eine gewisse Sprache gezogen.

Diese kaiserlich-kurfürstlich-sächsische Allianz führt im Ansatz den Süden und die Mitte des deutschen Sprachgebietes schreibsprachlich näher zusammen, allerdings nur im jeweils östlichen Teil.[10]

Sprache in Luthers Tischredetext bezieht sich offensichtlich auf das ‚Buchstabenkleid', auf Annäherung im graphematischen Usus. Das erleichtert das Verstehen des Geschriebenen. Sprachliche Hochleistungen erfordern natürlich noch weit mehr als nur einen mehr oder weniger geregelten Schreibusus.

Kanzleisprachen propagieren überregionale Regelungen des Schreibens, sind auf der anderen Seite wiederum begrenzt in ihrem Textsortenspektrum und in der Stilvariation. Dennoch ist die Annäherung gerade dieser so bedeutenden Kanzleien in einem regional weiten Wirkungsfeld ein ganz wichtiges Faktum in der weiteren Sprachgeschichte. Es wird dadurch, so kann man in der Gesamtsicht sagen, die schreibsprachliche Basis des künftigen Deutschen vom Süden in die Mitte des großen deutschen Sprachgebietes und da stärker in den östlichen Teil verschoben. Luther mit seiner Bibelübersetzung bewegt sich auf dieser Bahn und ist damit entscheidend an dem großen überregionalen Durchbruch beteiligt.

III. Schreib- und Druckersprache in Wittenberg. Die sprachliche Einbindung Luthers.

In Kapitel II sind versuchsweise die schreibsprachlichen Verhältnisse im 15. Jh. skizziert worden, um eine Art Hintergrundfolie für die kommenden Entwicklungen zu gewinnen. Jetzt, im III. Kapitel, wird der ‚Scheinwerfer' unmittelbar auf Wittenberg zur Lutherzeit gerichtet, auf die Schreibsprache dort, ebenso auf Ausprägungen der Druckersprache und auf den Einbettungsrahmen der Kursächsischen Kanzlei.

Alles, was wir diesbezüglich im Einzelnen über diese Stadt, diese Zeit und über die kursächsische Region wissen, verdanken wir vor allem der Lebensarbeit von Gerhard Kettmann († 2009). 1967 erschien seine Habilitationsschrift: „Die Sprache der kursächsischen Kanzlei zwischen 1486 und 1546", gedruckt im Akademie Verlag in Berlin. Es folgten im Laufe der Jahre weitere Beiträge mit jeweils interessanten Aspektuierungen für das sprachhistorische Verständnis. 2008 hat Rudolf Große diese Studien verdienstvollerweise in einem Band versammelt.[11]

Mit der Habilitationsschrift von 1967 war der Blick in den ostmitteldeutschen Raum auf die wichtigsten Jahrzehnte vor und nach Beginn der Reformation gerichtet. Nicht theoretische Erwägungen, sondern intensive Archivstudien ermöglichen Schritt für Schritt Aussagen über Variablen und Formen regionaler und sozialer Ausprägung von Schreibsprache damaliger Zeit und in der untersuchten Region. Ein Zentralpunkt der Analysen war Wittenberg. In weiteren Beiträgen über gut dreieinhalb Jahrzehnte (bis 2003) wurden die ursprünglich erarbeiteten subtilen Analysemethoden zeitlich bis in das 17. Jh. und räumlich auf zusätzliche Schreib- und Druckorte im Ostmitteldeutschen ausgedehnt. Es sind im Wesentlichen wichtige Differenzierungen, die Kettmann mit seinen aspektreichen Zugriffen gewinnt. Er findet zu ihnen nur über intensive Sucharbeit in Archivquellen und mit einem ausgesprochenen Spürsinn für schreibsoziologische Prägemuster. Um einige Beispiele zu nennen: Bezeichnungen wie ‚Kanzlei‘, ‚Kanzleisprache‘ bedürfen in jedem Fall konkreter Differenzierung, etwa kursächsische Kanzleisprache, kursächsische Amtskanzlei in Wittenberg, Stadtkanzlei Wittenberg, Universitätskanzlei Wittenberg. Sodann bringt es Gewinn, den Blick auch auf die Privatschriftlichkeit in Wittenberg zu richten, etwa auf den Kreis der Gelehrten, der sonstigen Bürgerschaft, der Bruderschaften, bis auf die Lohnschreiber der *gemeinen Leute*. Rang, Region, Reichweite, Professionalität der Schreiber (vom akademisch Gebildeten bis zum Hilfsschreiber), öffentliche/ private Belange etc.; all dies sind Bestimmungsvariablen für ein vielschichtiges Profil von Schriftlichkeit an einem Ort zur gleichen Zeit.

Kettmanns schreibsprachliche ‚Verortung‘ Wittenbergs zur Lutherzeit ist von großem Nutzen zur Klärung zweier anderer Komplexe sprachgeschichtlicher Diskussion: Was genau ist ‚Druckersprache‘, und was ist mit ‚Luthersprache‘ exakt gemeint? Auch bei Druckersprache ist ein komplexes Bündel von Einflussvariablen anzusetzen. Ins Spiel kommen können: regionaler Schreib- bzw. Druckusus, Zahl der Druckereien an einem Ort, Zahl der Pressen in einer Druckerei; Einfluss der Setzer, Einfluss der Korrektoren, Einfluss der Druckvorlage, Rang und Reichweite der Texte, u. a. m. Kettmann hat diverse Textmodelle zur Klassifizierung der Drucktextproduktion entwickelt, z. B. mit folgenden Vergleichsreihen zur Überprüfung des Graphemgebrauchs (= Buchstabenebene), auf den sich, mit wenigen Ausnahmen, seine Bemühungen insgesamt beziehen. In einer A-Reihe überprüft er gleichzeitigen (synchronen) Gebrauch, etwa in Konstellationen wie: 1 Drucker – gleiches Jahr – gleicher Autor; oder: 1 Drucker – gleiches Jahr – mehrere Autoren; oder: 2 Drucker – 1 Autor – gleiches Jahr. In einer diachronen B-Reihe wird mit ähnlichen entsprechenden Testreihen dem Wandel oder auch der zunehmenden Stabilisierung des Druckusus in einer Druckerei bzw. dann auch in anderen Druckereien im ostmitteldeutschen Raum nachgespürt, dies im zeitlichen Ablauf. Bei allem Unterschied im Einzelnen ist eine klar erkennbare Tendenz der Variantenreduzierung in der ersten Hälfte des 16. Jhs zu erkennen, gut vorführbar am Beispiel Wittenberg. Die Reduzierung (ost-)mitteldeutscher Varianten (z. B. *d* für obd. *t*; *th* für *t*; *zc-*, *cz-* für *z-*; *ie* für *î*; *h* als Dehnungszeichen; *ader, van, ab* für *oder, von, ob*; *vor-* für *ver-*; *i* in Nebensilben), kombiniert mit der Übernahme gewisser oberdeutscher Elemente, ergibt dann etwa die ostmitteldeutsche-ostoberdeutsche Grundierung, wie sie auch schon in der Lutherbibel letzter Hand (1545) in Wittenberg greifbar wird.

Auch der Bezeichnung ‚Luthersprache' verhilft Kettmann zu klaren Konturen. Der Terminus sei, zumindest bis zum Tode des Reformators, „lediglich ein personifizierendes Synonym für die Wittenberger Druckersprache schlechthin [...]" (2008, S. 81). Den Graphemstatus Luthers in seinen handschriftlichen Texten charakterisiert er so: „Eigenes nicht völlig aufgebend, Neuem gegenüber zunehmend aufnahmebereit, ist Luther in seine Zeit und Umgebung einzuordnen, nicht aber überzuordnen oder gar als Sonderfall anzusehen. Luther gliedert sich nahtlos in den Schreibusus seiner soziologischen Gruppe ein." (2008, S. 145/146). Gemeint ist der Universitätsbereich. Anfangs ist Luther in seinen Briefen eher unter diesem Niveau, kümmert sich wenig um das Buchstabenkleid, wird zunehmend aufmerksam auf die äußere (Druck-)Gestalt, insbesondere der Bibel, und hinterlässt mit großem Zutun seiner Korrektoren in der Gestalt der Bibel von 1545 einen deutlich systematisierten Druck-Usus.[12]

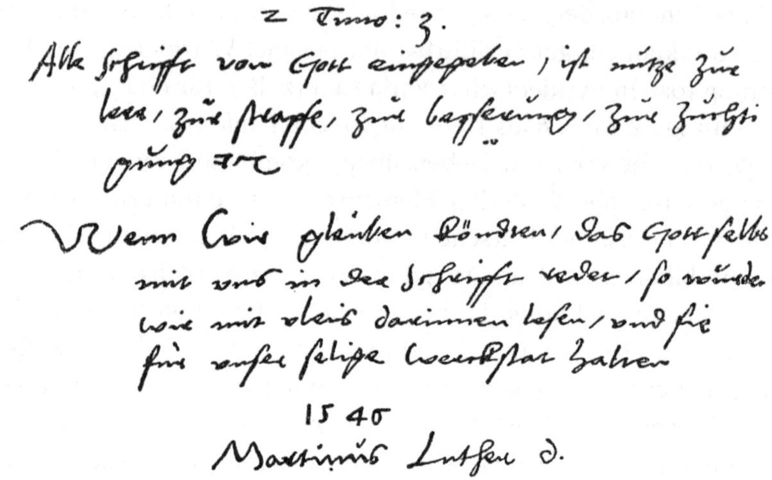

[handwritten facsimile:]

2. Timo: 3.

Alle schrifft von Gott eingegeben, ist nütze zur lere, zur straffe, zur besserung, zur züchtigung etc.

Wenn wir gleuben köndten, das Gott selbs mit vns in der schrifft redet, so wurden wir mit vleis darinnen lesen, vnd sie für vnser selige wercksatt halten.

1540

Martinus Luther d.

Abb. 9: Faksimile von Luthers Handschrift, 2. Tim. 3, 16. Entnommen Erwin Arndt/Gisela Brandt: Luther und die deutsche Sprache. Leipzig ²1987.

Übertragung des handschriftlichen Luthertextes zu 2. Timotheus, 16a:

Alle Schrifft von Gott eingegeben / ist nutze zur Lere / zur straffe / zur besserung / zur Zuchtigung etc.
Wenn wir gláuben köndten / das Gott selbs mit vns in der Schrifft redet / so wurden wir mit vleis darinnen lesen / vnd sie für vnser selige werckstat halten.

1540

Martinus Luther d.

Das alles hat Kettmann anhand der zeitgenössischen Unterlagen (und Äußerungen) herausgearbeitet. Luther ist nicht der ‚Sprachschöpfer', auch nicht der ‚Nachzügler' – er ist eingebettet in die Entwicklung. Das ist die historische Wirklichkeit. Kettmann hat diese sprachhistorisch wirkmächtige Region schreib- und drucksprachlich gründlich erschlossen. Seine Ergebnisse lassen frühere Positionen konfessioneller Einseitigkeit über Luther und die neuhochdeutsche Spracheinigung nicht mehr zu.

Es ist aber im Gedächtnis zu behalten, dass sich Kettmann, auch nach eigenem Bekunden, mit der äußeren Sprachgestalt, dem graphematischen Status seiner Texte, befasst. Wir wissen jedoch heute, dass die graphisch-orthographische Gestalt der Lutherbibel zwar eine gewisse Stabilität erreichte, sich aber vom 17.-19. Jh. ganz erheblich änderte. Hier kann das eigentliche Proprium der ‚Luthersprache' nicht gelegen haben oder liegen. Es ist vielmehr seine ‚Sprachmächtigkeit' in Syntax, Wort und Stil, verfasst in einem ostmitteldeutsch-ostoberdeutschen Grundgerüst graphematischer Prägung, das richtungsweisend wurde für die neuhochdeutsche Schriftsprache.

Was mit ‚Sprachmächtigkeit' gemeint ist, muss an späterer Stelle noch ausgeführt werden (s. Kap. V). Hier soll zunächst festgehalten werden, dass es in der sprachhistorischen Diskussion um Luthers Wirkung z. T. zu einer Hochstilisierung der ‚Orthographie' gekommen war. Diese Bezeichnung ist dem Wortsinn nach (griech. *orthos* = richtig) vom 16.-19. Jh. natürlich nicht passend, denn eine Normschreibung im heutigen Sinn gab es damals noch nicht; mit Orthographie ist hier die damalige Schreibform gemeint, die Buchstabenebene, eine Ebene großer Variabilität in Raum und Zeit. Mit den in Anm. 12 genannten Schriften scheint so etwas wie eine erste Schreib- und Drucknorm angesprochen zu sein, als charakteristisch für die ‚Luthersprache'. So hat es z. B. Virgil Moser 1909 in seiner Untersuchung gesehen und gefragt: „Konnte denn die so viel gerühmte ‚Luthersprache' überhaupt sprachnorm für andere sein? Wir können die frage rundweg mit ‚Nein!' beantworten." In solcher Sicht war auch schon um 1650 „Luthersprache an jedem ort und zu jeder zeit etwas anderes und nur eine schöne fiction der anhänger der reformation [...]" und daher auch um 1650 „als ein realer begriff längst tot."[3]

Das ist ein Fehlurteil – und noch 1976 scheint Hugo Stopp sich diesem vollinhaltlich anzuschließen.[14] Es gilt allerdings, dass Luther betreffende Studien in der ersten Hälfte des 20. Jhs stark auf Laute, Buchstaben, grammatische Formen gerichtet waren, weniger auf Syntax und Wortschatzentwicklung. Theodor Frings sah das anfangs wohl noch so: „Schriftsprache ist im Ersten Einheit im Gerüst, in den Lauten, auch Buchstaben, in den Formen, ein geschichtlich gewordenes, in sich geschlossenes, lautliches und flexivisches Gefüge. Alles andere, Wörter und Satzbildung, ist beweglicher Zusatz."[15] Er hat diesen Standpunkt später entschieden erweitert. Auch für Heinrich Bach ist die Regulierung von Rechtschreibung und Formenlehre entscheidend bezüglich der Durchsetzung der Schriftsprache. „Andere Kategorien, Stil, Syntax, Wortschatz, sind intensiv von der Forschung behandelt worden und sind von größter Wichtigkeit bei der Einschätzung von Luthers Leistung, aber sie sind nicht oder nur in geringem Grad normsetzend, für alle Sprachträger verbindlich."[16]

Aus heutiger Sicht ist der Wortschatz stärker in den Standardisierungsprozess des Neuhochdeutschen einzubeziehen, als es etwa bei Bach noch geschehen ist. Darauf hat schon Erben (1968, S. 223) hingewiesen, und sein großer Wortschatz-Artikel (1974) belegt das auch.[17]

Der Grund dafür ist, dass mit der ostmitteldeutschen Einfärbung der Schreib- und Druckgestalt auch eine ostmitteldeutsche Wortschatzprägung einherging.

Das war eine Schwerpunktverschiebung vom Süden hin zur Mitte, vom traditionsreichen Oberdeutschen zum Mitteldeutschen östlicher Region und bedeutete auch, dass der schriftsprachliche Wortschatz teilweise neu justiert und fixiert wurde. Anstelle alter landschaftlicher Wortkonkurrenz eigenen Anspruchs trat jetzt nach und nach Überordnung, letztlich auch initiiert und durchgesetzt durch die breitwirkende ‚Lutherbibel'. Die großregionale Sprachkonkurrenz wurde außer Kraft gesetzt, nicht etwa durch weltliche Autorität (Hof/Machtzentrum), letztlich auch nicht durch Luther, sondern durch die Bibel, das Wort Gottes, in der muttersprachlichen Fassung Luthers.

Es ist also ein guter Teil des Wortschatzes als zu Luthers Schreibsprachtradition gehörend zu betrachten und damit in die Standardisierungsvorgänge einzubeziehen. Man könnte das im Sinne von Kettmann wohl auch noch zur äußeren Sprachgestalt rechnen, nicht nur die graphematische und flexionsmorphologische Prägung. Lutherspezifisches, seine belegte ‚Sprachmächtigkeit', etwa neue Wortprägungen, rhetorische Fertigkeit, Bildreichtum, idiomatisch treffende Wendungen und anderes mehr ist sodann zusätzlich zu behandeln (s. Kap. V). ‚Luthersprache' bedeutet also ein Zweifaches, zum einen die äußere Sprachgestalt (Buchstaben, Flexionsformen) nach ostmitteldeutscher und teils auch ostoberdeutscher Prägung, wozu auch ein erheblicher Wortschatzanteil zu rechnen ist, zum andern die individuelle Sprachmächtigkeit Luthers, die natürliche Sprachbegabung, die ihm angeborene Fähigkeit des *ingenium bonum*, wie er selbst sagt.

Über die ‚Sprachmächtigkeit' soll in Kapitel V gehandelt werden. Wie sich im Übrigen die Schwerpunktverschiebung von Süden zur Mitte hin in Schreibung und im Wortbestand Schritt für Schritt dokumentiert, wird in Kapitel VI über die Rezeption der ‚Luther'-Bibel vom 16.-18. Jh. aufgezeigt.

IV. Bibelübersetzung/ Übersetzungsprinzip

Kettmann (2008, S. 81, s. Anm. 11) unternimmt es, die Bezeichnung ‚Luthersprache' genauer zu bestimmen. Der Terminus sei, zumindest bis zum Tode des Reformators, „lediglich ein personifizierendes Synonym für die Wittenbergische Druckersprache schlechthin [...]". Anders formuliert bedeutet das Luthers Einbindung in die am Ort vorfindliche Drucktradition. ‚Luthersprache' signalisiert aber noch mehr, es steht auch für die lutherspezifische Sprachmächtigkeit, sein *ingenium bonum*, wie er es nennt.

Luthers enger Kontakt mit der Bibel ist erst für den Beginn seiner Klosterzeit bezeugt. In einer Tischrede von 1538 berichtet er: „Vor 30 Jahren hat keiner die Bibel gelesen, sie war allen unbekannt [...]. Endlich habe ich in einer Bibliothek eine Bibel gefunden, und sobald ich im Kloster war, begann ich die Bibeln zu lesen, wieder zu lesen und nochmals zu lesen unter der höchsten Bewunderung des Dr. Staupitz."[18]

Luthers Bibelübersetzung beginnt 1517 mit den ‚sieben Bußpsalmen' und in den folgenden fünf Jahren mit weiteren kleinen Texten, im Zusammenhang mit Predigten und katechetischen Teilen des Alten Testaments und des Neuen Testaments.

1522 erscheint zusammenhängend das NT (als September- und Dezembertestament) unter abschließender Mithilfe des Gräzisten Melanchthon. Die Luther-Übersetzung entstand innerhalb von drei Monaten während des Wartburg-Aufenthalts 1521/22. Die Übersetzung des AT zieht sich über die Jahre 1523-1534 hin, erarbeitet zusammen mit einem kleinen Helferkreis in regelmäßigen Arbeitssitzungen mit Beteiligung u. a. des Hebraisten Matthäus Aurogallus. 1534 erschien die erste Vollbibel Luthers, 1541 *Auffs New* zugerichtet; 1545 als letzte Wittenberger Bibelausgabe zu Luthers Lebzeiten.[19]

Die Übersetzungen sind aus den Grundsprachen (Hebräisch, Griechisch) erarbeitet; für das NT kam der griechische Urtext nach Erasmus und auch dessen lateinische Übersetzung hinzu, für das AT und das NT hilfsweise auch der Vulgata-Text. Der Bibeldruck in Wittenberg gewann bis zu der Ausgabe von 1545 an Systematik und Konstanz in der Sprachgestalt. Diese Ausgabe wurde für spätere Nachdrucke bis zu Beginn des 18. Jhs zur Kontrolle beigezogen. Änderungen wurden am ehesten im graphematischen Bereich vorgenommen. Sie unterblieben weitgehend bezüglich Syntax und Wortschatz. Hier sind Eingriffe erst bei den kirchenamtlichen Revisionen von 1892, 1912 und 1984 erfolgt.

Die Deutsche Bibel ist millionenfach gedruckt, gelesen, in den Schulen benutzt worden und hat erstmals in der deutschen Sprachgeschichte auch die breiten Volksschichten erreicht. Die Rezeption der Bibelsprache erfolgte zeitlich gestaffelt in den Sprachregionen. Sie wurde richtungsweisend für die neue Schriftsprache. Über den genaueren Ablauf der Rezeptionsgeschichte informiert Abschnitt VI.

Luthers Übersetzungsprinzip bezüglich der Bibel erweist sich als Wirkungsfaktor ersten Ranges für die rasche und breite Akzeptanz seines deutschen Textes. Der evangelische Theologe Gerhard Ebeling spricht von Luther als einem „Sprachereignis". „Denn worum sonst war es ihm überhaupt zu tun, als um das rechte Zur-Sprache-Bringen des Wortes."[20] Zur Sprache bringen in der Zielsprache Deutsch, d. h. die Grundsprachen der Bibel mit aller Sorgfalt aber auch Entschiedenheit zu überführen in die Eigenstruktur deutscher Sprache. Luther steht mit dieser konsequent zielsprachlichen Ausrichtung des Übersetzens an erster Stelle in der frühen Neuzeit. Sein Übersetzungsprinzip ist das ‚Sinnprinzip', *sensum de sensu*, ‚Sinn-für-Sinn', nicht ‚Wort-für-Wort', *verbum e verbo*. Der Unterschied der beiden Prinzipien ist tief verwurzelt in einer unterschiedlichen Geisteshaltung. Das Mittelalter bis in den Anfang der Neuzeit hinein fühlt sich nicht autorisiert, das Wort Gottes zu übersetzen, schon gar nicht in (ungenormte) Volkssprachen, denn jede Übersetzung birgt die Gefahr der Interpretation und damit auch der möglichen Verfälschung der Heiligen Schrift. Es ergaben sich Verbote, und noch das Konzil von Trient im Jahre 1546 erklärte die lateinische Vulgata des Hieronymus (um 347-419/420) als für die Kirche allein authentischen Text, wiewohl auch schon die Vulgata ein Übersetzungstext ist.²¹ So hilft man sich in altdeutscher Zeit bei Bibeltexten mit interlinear klein übergeschriebenen Wort-für-Wort, oder Form-für-Form Übersetzungen. Es gibt ansatzweise auch Teilübersetzungen, Armenbibeln/ Bilderbibeln und anderes mehr, aber die jeweilige Vertextung hat keinen Eigenanspruch, sie vermittelt nur Hilfe zur Annäherung an den lateinischen Bibeltext. Das ist nicht Unvermögen, sondern Dienstbarkeit, bezogen auf den authentischen Text. Das gilt in gewisser Weise auch noch für die zwischen 1466 und 1522 gedruckten 14 hochdeutschen und vier niederdeutschen Bibeln vor Luther.²² Erst mit Luthers konsequenter Zielsprache-Orientierung kommt eine ganz andere Übersetzungstiefe zustande, davor war leitender Gesichtspunkt die Ausrichtung an der Ausgangssprache. Der zentrale Punkt der Kritik an Luthers Übersetzung des NTs ist dann auch auf diese konsequente Neuorientierung gerichtet. Die gegenreformatorischen Korrekturbibeln von Hieronymus Emser (NT 1527), Johannes Dietenberger (Biblia 1534) und Johann Eck (Bibel 1537) fordern jeweils im Vorwort eine wörtliche Übersetzung bzw. eine nach dem *„buchstablichen Sinn"*.²³

Luther hat sein Übersetzungsprinzip vor allem 1530 in seinem „Sendbrief vom Dolmetschen [...]" (WA 30 II, 632-646) an einigen Beispielen der Bibelübersetzung herausgearbeitet und begründet. Folgende Beispiele sind im Gedächtnis vieler Protestanten präsent. Es geht zum einen um ein eingefügtes Wort in Röm. 3, 28: *allein* (sola/ solum), das dort nicht im Vulgatatext steht („dass der Mensch gerecht wird ohne des Gesetzes Werke, allein durch den Glauben"), sodann um die Übersetzung von *Ex abundantia cordis os loquitur* (Matth. 12, 34, Vulgata), schließlich um den Engelsgruß an Maria (Luk. 1, 28).

- Den Zusatz ‚allein' verteidigt er so: *War ists. Diese vier buchstaben ‚sola' stehen nicht drinnen. [...] [Sie] sehen aber nicht das gleichwohl die meinung des text ynn sich hat* [= dass es trotzdem den Sinn trifft] */ vnd wo mans wil klar vnd gewaltiglich verteutschen / so gehoret es hinein / den(n) ich habe deutsch / nicht lateinisch noch kriegisch reden wo(e)llen / da ich teutsch zu reden ym dol-*

metzschen furgenomen hatte. Das ist aber die art vnser deutschen sprache [dass, wenn die Rede von zwei Dingen ist, wo man eines bejaht und das andere verneint, man ‚allein' hinzufügt, damit der Sinn ganz deutlich wird. Im Lateinischen und Griechischen geschieht das nicht, aber] so thuts doch die deutsche (Sprache) / vnd ist yhr art [...] / das es eine vollige Deutsche klare rede wird / den man mus nicht die buchstaben inn der lateinische(n) sprachen frage(n) / wie man sol Deutsch rede(n).²⁴ Hier schließt sich das bekannte Zitat von dem ‚Volk aufs Maul schauen' an. Es ist sprachstrukturell gemeint, nicht vulgarisierend, es dient der Betonung deutscher Spracheigenart in der Übersetzungsarbeit.

- Ein zweites Übersetzungsbeispiel kommentiert Luther so: *Als wenn Christus spricht / Ex abundantia cordis os loquitur.* [Matth. 12, 34; Luk. 6, 45]. *Wenn ich den Eseln sol folgen / die werden mir die buchstaben furlegen / vnd also dolmetzschen / Auß dem vberflus des hertzen redet der mund.* [So übersetzt Emser Luk. 6, 45]. *Sage mir / ist das deutsch geredt? Welcher deutscher verstehet solchs? Was ist vberflus des hertze(n) fur ein ding? Das kan kein deutscher sagen / Er wolt denn sagen / es sey das einer allzu ein gros hertz habe / oder zu vil hertzes habe / wie wol das auch noch nicht recht ist / den(n) vberflus des hertzen ist kein deutsch / so wenig / als das deutsch ist / Vberflus des hauses / vberflus des kacheloffens / vberflus der banck / sondern also redet die mu(o)tter ym haus vnd der gemeine man / Wes das hertz vol ist / des gehet der mund vber / d(as) heist gut deutsch geredt / des ich mich geflissen / vn(d) leider nicht allwege erreicht noch troffen habe / Den(n) die lateinische(n) buchstaben hindern auss der massen seer gut deutsch zu reden.*

- Das dritte Beispiel befasst sich mit dem Engelsgruß an Maria (Luk. 1, 28): *Item da der Engel Mariam gru(e)sset vnd spricht / Gegru(e)sset seistu Maria vol gnade(n) / der Herr mit dir* [Ave gratia plena: Dominus tecum]. *Wolan / so ists bißher / schlecht* [= schlicht] *den lateinischen buchstaben nach verdeutschet / sage mir aber ob solchs auch gut deutsch sey? Wo redet der deutsch man also / du bist vol gnaden? Vnd welcher Deutscher verstehet / was ge-*

sagt sey / vol gnaden? Er mus dencken an ein vas vol bier / oder beutel vol geldes / darum hab ichs vordeutscht. Du holdselige / da mit doch ein Deutscher / dester meher hin zu kan dencken / was der engel meinet mit seinem grus. Luther vermerkt sodann, dass er damit noch nicht das beste Deutsch getroffen habe. Er hätte das beste Deutsch nehmen und dolmetschen sollen: *Gott grusse dich liebe Maria (denn so vil wil der Engel sagen / vnd so wurde er geredt haben / wan er hette wollen sie deutsch grussen)* [...] *ich will sagen / du holdselige Maria, du liebe Maria. vnd las sie sagen / du volgnaden Maria. Wer deutsch kan / der weis wol / welch ein hertzlich fein wort das ist / die liebe Maria / der lieb Gott* [...] *Vnd ich weis nicht, ob man das wort liebe / auch so hertzlich vnd gnugsam in Lateinischer oder andern sprachen reden mu(e)g / das also dringe vnd klinge ynns hertz / durch alle sinne wie es thut in vnser sprache.*

Luther versichert allerdings ganz deutlich, dass er wiederum nicht allzu frei die *buchstaben* habe fahren lassen. Er habe eher der deutschen Sprache Abbruch tun wollen, als von dem ‚Wort' zu weichen.

Insgesamt wagte er schon 1523 in der Vorrede zum AT zu sagen / *das disse deutsche Bibel / liechter* [=heller] *vnd gewisser ist an vielen ortten denn die latinische / das es war ist* [...] *hat gewisslich hie die deutsche sprach eyn bessere Bibel denn die latinische sprache / des beruff ich mich auff die leser* (WADB 8, S. 30/32).

Abschließend zum ‚Übersetzungsprinzip' soll eine Textprobe andeutungsweise Unterschiede zwischen eher Wort-für-Wort und Sinn-für-Sinn Versionen zeigen. Der Germanist Friedhelm Debus hat für den Psalm 23 (22) eine erhellende Abfolge von Quellentexten und historischen Übertragungen zusammengestellt.[25]

Hier werden nur einige Texte wiedergegeben: der Hebräische Urtext in wörtlicher Übersetzung/ die Vulgata/ Luther 1531/ Eck 1537.

Hebr. Urtext Wörtl. Übersetzung	Vulgata, Ende 4. Jh. (Ps. 22)
1. Jahwe (ist) mein Hütender. Nicht werde ich entbehren Mangel leiden.	Dominus reget me et nihil mihi deeri
2. Auf Weideplätzen (frischen) Grüns wird er mich lagern lassen. An Wasser (der) Ruhe wird er mich führen.	in loco pascuae ibi me conlocavit super aquam refectionis educavit me
3. Meine Seele wird er zurückbringen meinen Atem zurückkehren lassen. Er wird mich leiten auf Pfaden (der) Gerechtigkeit um seines Namens willen.	animam meam convertit deduxit me super semitas iustitiae propter nomen suum
4. Auch wenn ich gehen werde im Tal (des) Todesschattens. nicht werde ich fürchten Böses; denn du (bist) bei mir. deine Keule und dein Stab. sie werden mich trösten.	nam et si ambulavero in medio umbrae mortis non timebo mala quoniam tu mecum es virga tua et baculus tuus ipsa me consolata sunt
5. Du wirst bereiten vor mir einen Tisch in Richtung auf mein Angesicht hin gegenüber meinen Anfeindenden denen, die mich anfeinden. Du hast fett gemacht mit Öl mein Haupt. Mein Becher (ist/hat) Überfluß.	parasti in conspectu meo mensam adversus eos qui tribulant me inpinguasti in oleo caput meum et calix meus inebrians quam praeclarus est
6. Gewiß. Gutes und Treue Gut Verbundenheit/ Zuwendung/Gnade werden mir folgen alle Tage meines Lebens, und ich werde bleiben im Hause wohnen/sitzen Jahwes auf die Länge von Tagen hin.	et misericordia tua subsequitur me omnibus diebus vitae meae et ut inhabitem in domo Domini in longitudinem dierum

47

Luther 1531 (Ps. 23)	Eck 1537 (Ps. 22 – kath.)
DEr HERR ist mein hirte, mir wird nichts mangeln.	Der herr regiert mich / vnd nichts würd mir bråsten
Er weidet mich auff einer grůnen awen, vnd fůret mich zum frisschen wasser.	an die stat d' waid hat er mich gesetzt. Auf dem wasser der erkickung hat er mich auferzogen /
Er erquicket meine seele, er fůret mich auff rechter strasse. vmb seines namens willen	mein seel hat er bekeret. Er hat mich gefůrt auf dem pfaten der gerechtigkait / vm seines namen willen.
Vnd ob ich schon wandert jm finstern tal, fůrchte ich kein vnglůck, Denn du bist bey mir, Dein stecken vnd stab trösten mich.	Dan ob ich würd wanderē in mitten des schatē des todts / so förcht ich nichts übels / dan du bist mit mir. Dein růt vnd dein stab / die haben mich getröst.
Du bereitest fur mir einen tisch gegen meine feinde, Du salbest mein heubt mit öle, vnd schenckest mir vol ein.	Du hast berait in meinem angesicht ain tisch / wid' die mich betrůben. Mein haubt hast du faißt gemacht mit öl / vnd mein kelch der truncken macht / wie kostlich ist er.
Gutes vnd barmhertzigkeit werden mir folgen mein leben lang, vnd werde bleiben im hause des HERRN jmerdar.	Vnd dein barmhertzigkait folge mir nach alle die tåg meins lebens. Vnd das ich wone in dem hauß des herren / in lenge der tåg.

Dadurch, dass man nun den hebräischen Text in einer genauen wörtlichen Übersetzung und zudem den Vulgatatext hat, der für Eck wohl der maßgebliche war, kann man im genauen Vergleich erkennen, wo noch eine stärkere Bindung an die Vorlage(n) bzw. eine stärkere, wenn auch kontrollierte Ausrichtung an der Zielsprache vorliegt. Die Lutherfassung erreicht einen hohen Stil muttersprachlicher Prägung. Es dürfte schwer sein, ihm hier irgendeine Spur von ‚Fälschung' des ‚Wortes Gottes' nachzuweisen.

V. Sprachmächtigkeit Luthers und seine lebenslange Spracharbeit

‚Luthersprache' ist zu einem Teil „lediglich ein personifizierendes Synonym für die Wittenbergische Druckersprache schlechthin [...]", so hat es Kettmann formuliert (vgl. Kap. III). Zu einem anderen Teil ist ‚Luthersprache' in seinen Schriften und vor allem in der Bibel geprägt durch die prinzipielle Ausrichtung auf die Zielsprache Deutsch (siehe Kap. IV). Das fordert ihn zu Hochleistungen in der Muttersprache heraus, um wirklich für jedermann verständlich zu sein, und in der Bibelübersetzung die gebotene würdige Form zu finden für ‚Gottes Wort' in deutscher Sprache. Da klingt schon viel auf von Sprachmächtigkeit, seinem *ingenium bonum*, wie er es nennt. Diese Sprachmächtigkeit soll jetzt etwas näher beleuchtet werden.

Luther habe, so schrieb der bedeutendste deutsche Grammatiker des 17. Jahrhunderts, Justus Georg Schottel, 1663, „alle Lieblichkeit und Zier, Ungestüm und bewegenden Donner in die deutsche Sprache gepflanzet" (Stolt 1989, Wiederabdruck Wolf 1996, S. 33).[26]

Jacob Grimm rühmte 1822 Luthers Sprache um „ihrer edlen, fast wunderbaren reinheit" willen. Was Geist und Leib unserer Sprache „genährt, verjüngt, was endlich blühten neuer Poesie getrieben hat, verdanken wir keinem mehr, als Luthern".[27]

Die Liste des Sprachlobs für Luther lässt sich weiter fortsetzen über Goethe bis in die nahe Gegenwart. Luther, so wissen wir, geht davon aus, dass der Mensch seine Gaben nicht sich selbst, sondern Gott verdanke. Das bestimmt auch die Ausrichtung ihrer Anwendung. Eine solche Auffassung trennt Luther z. B. fundamental vom selbstbewussten literarischen Humanismus. Das muss man wissen, wenn man bei ihm in gewissen Momenten doch auf ein Bewusstsein von Stolz trifft, was seine *sprache und feder* betrifft.

Der teuffel achtet meynen geyst nicht so fast [= sehr] *alls meine sprache und feder ynn der schrifft.* (1524, WA 15, S. 43)

Oder 1530 in „Predigt, daß man Kinder zur Schulen halten solle."

Ich bin [...] durch die schreib fedder so fern [= weit] komen, das ich itzt nicht wolt mit dem Turckisschen keiser beüten [= tauschen], das ich sein gut solt haben vnd meiner kunst emperen. Ja ich wolt der wellt gut, viel mal geheufft, nicht dafur nemen. (WA 30/II, S. 576/77)

kunst meint im Textzusammenhang ‚Schreibkunst', schulische Ausbildung; in der Doppelform *meine sprache und feder* ist Sprachmächtigkeit einbezogen. Ihr liegt eine ‚natürliche Sprachbegabung' zugrunde, nämlich dieses ihm angeborene *ingenium bonum*.[28] Daher kann Luther in einer Tischrede sagen:

Die Phrases und Art zu reden, und Construction, wie man die Worte zusammenfassen und reden soll, das kann man nicht geben, noch einen lehren. (WATR 1, Nr. 1040; Wolf 1996, S. 355)

Sprachmächtigkeit ist zu einem guten Teil Sprachbegabung, darüber hinaus aber auch Frucht einer lebenslangen Spracharbeit. Luther hat das immer wieder bezeugt. Eine entsprechende Stelle steht 1530 im ‚Sendbrief vom Dolmetschen':

[...] Im Hiob erbeiten wir also, M(agister) Philips, Aurogallus und ich, das wir yn vier tagen zu weilen kaum drey zeilen kundten fertigen. Lieber, nu es verdeutscht und bereit ist, kans ein yeder lesen und meistern, Laufft einer ytzt mit den augen durch drey, vier bletter und stost nicht ein mal an, wird aber nicht gewar, welche wacken und klötze da gelegen sind, da er ytzt uber hin gehet, wie uber ein gehoffelt [= gehobelt] bret, da wir haben müssen schwitzen und uns engsten, ehe den wir solche wacken und klotze aus dem wege reümeten, auff das man kündte so fein daher gehen. (WA 30/II, S. 636)

Das Zusammenwirken von Spracharbeit und Ingenium muss sich an Texten aufzeigen lassen, vornehmlich am Bibeldeutsch, das in seiner geschichtlichen Wirkung alle anderen Schriften weit hinter sich lässt. Erben (1985) vermittelt von germanistisch-sprachwissenschaftlicher Seite her Einblicke in die Stadien der lebenslangen Übersetzungsarbeit Luthers an der Bibel, insgesamt eine erhellende Hinführung.[29] Für einige ‚Herzstücke' des Bibeltextes wurde der Verfertigungsgang und die herausgehobene Funktion durch philologisch subtile Analysen herausgearbeitet. Für den deutschen Vaterunser-Text (Matth. 6, 9-13) hat das Stefan Sonderegger 1976 dargetan.[30] Er führt frühe lutherische Varianten an, auch zeitgenössische Vergleichstexte sowie erstaunlich ‚moderne' Formulierungen Notkers. Die variierenden Verdeutschungen bei Luther erstrecken sich über den Zeitraum 1517-1531.

Der eigentliche Durchbruch zu einem neuen Text nach der inneren Form des Deutschen, in Syntax und Profilierung weitgehend von den griechischen und lateinischen Vorgaben gelöst, gelingt Luther bereits mit dem Septembertestament von 1522, dessen Vaterunser-Fassung gleichzeitig mit der Bibel letzter Hand in allen wesentlichen Punkten identisch ist [...] (Sonderegger 1976, S. 424).[31]

Ein weiteres ‚Herzstück' der Bibel sind die Psalmen – auch nach Meinung Martin Luthers. Für Psalm 23 (22) bietet Debus (vgl. hier Anm. 25) eine instruktive Synopse vorlutherischer, lutherischer und gleichzeitig katholischer Übersetzungen. In Abschnitt IV. des vorliegenden Buches ist eine Auswahl dieser Übersetzungen abgedruckt, um das jeweilige Übersetzungsprinzip aufscheinen zu lassen.

Als ein weiteres Kernstück darf die Weihnachtsgeschichte (Luk. 2, 1f.) gelten. Birgit Stolt setzt sich 1988 mit der kirchenamtlichen Revision (NT, Luthertext 1975) und deren Rückrevision 1984 auseinander. Ihre Sprachanalysen arbeiten auf eindrückliche Weise wichtige Eigenschaften der Sprache Luthers heraus: Emotivität und Rezitierbarkeit. Ein Bibeltext „muß gleichzeitig verständlich zu uns sprechen und den Eindruck seines hohen Alters und seiner sakralen Dimension vermitteln."[32] Dazu verhelfen u. a. auch sog. Biblizismen (*es begab sich; und; aber; siehe*, etc.) und eine aus der ‚Hörkultur' herkommende, rhetorische Syntax (Stolt 1991, s. hier Anm. 32). Diese ‚rhetorische Syntax' ist eine Verstehenshilfe nicht nur für den *gemeinen man*, zumal in Zeiten, da hauptsächlich vorgelesen und gehört, und weit weniger selbst gelesen wurde. Da beim Hören nicht – wie beim Lesen – gleichsam ‚zurückgeblättert' werden kann, müssen längere Satzkonstruktionen das Verstehen erschweren. Die rhetorische Syntax vermeidet weitgreifende Satzbögen. Sie bietet „eine additive, [...] hörerbezogene Textsemantik. Schritt für Schritt läßt sich die dargebotene Information nachvollziehen und verarbeiten." (Stolt 1991,

S. 211f.). Bündelung und Pausierung richten sich nicht primär „nach syntaktischen Einheiten, auch nicht immer nach Sinneinheiten, sondern allem Anschein nach nach Informationseinheiten" (Stolt 1991, S. 213). Als Beispiel diene Lukas 2, 4 in der Fassung Luthers von 1545:

> *DA machet sich auff auch Joseph / aus Galilea / aus der stad Nazareth / in das Jüdischeland / zur stad David / die da heisst Bethlehem / Darumb das er von dem Hause und geschlechte David war.*

Die sechs mit Virgel (/) markierten Informationssegmentierungen werden durch die moderne Komma-Regelung im Text der Revision von 1975 auf zwei Einschnitte reduziert ([...] Stadt Davids, die Bethlehem heißt, [...]). „[D]ie Befolgung rigider Kommaregeln bedeutet einen Verlust der alten Möglichkeiten, eine Information in kürzere Sinnschritte zu unterteilen und diese in größerer Selbständigkeit dem Verständnis darzubieten. Für den mündlichen Vortrag ist dies ein Verlust an Flexibilität und Verständlichkeit" (Stolt 1991, S. 212f.). Im 20. Jh. löst eine grammatisch-syntaktische Interpunktion die rhetorisch-sprechsprachliche ab. In den Bibeldrucken bleibt die ursprüngliche Virgel-Markierung bis in die erste Hälfte des 18. Jhs erhalten. Dann wird die Virgel durch Komma ersetzt unter Wahrung der alten Einschnittstellen. Erst im 20. Jh. führen die neuen grammatisch-syntaktischen Kommaregeln an dieser Stelle zur Einebnung der stark hörerbezogenen Pausenstruktur des lutherschen Textes. Die Rückrevision 1984 hat die ursprüngliche Virgel-Einteilung erneut (durch Kommata) wieder hergestellt. Besch (1981)[33] hat am Beispiel Matth. 27, 27-30 den Interpunktionswandel vom späten Mittelalter bis in die Neuzeit und damit auch Folgen für die Textstruktur aufgezeigt.

Einen Schritt näher heran an Luthers Sprachingenium führt im Anschluss an Lausberg auch Stolts Unterscheidung von ‚Verbrauchsrede' (z. B. Predigt) und ‚Wiedergebrauchsrede' (z. B. Liturgie).[34] Für Letztere gelten ganz offensichtlich sprachliche und stilistische Eigenstrukturen, die in der Revision von 1975 z. T. der ‚Modernisierung' zum Opfer fielen. Luthers Sprachvermögen leuchtet hier auf angesichts einer verfehlten Korrektur. – Der ganze Bibeltext ist letztlich

‚Wiedergebrauchsrede'; er wird auch heute nicht nur still gelesen, sondern millionenfach im Gottesdienst vorgelesen und gehört. Da ist die alte Lutherfassung bis heute unübertroffen. Sie ist geprägt von der Rezitationserfahrung vieler Jahrhunderte.

Zur Sprachmächtigkeit gehört von alters her die hohe Schule der Rhetorik. Sie wurde das Mittelalter hindurch und auch in der Lutherzeit im Trivium (Grammatik, Logik, Rhetorik) gelehrt, z. T. in enger Berührung mit der Dialektik. Luther hat mit Sicherheit diese Schulung durchlaufen. Ihm müssen gewisse Grundbegriffe wie *inventio*, *dispositio*, *memoria*, *elocutio* geläufig gewesen sein, auch deren Untergliederungen z. B. für *inventio* (*exordium, narratio, argumentatio*), ebenso Untergliederungen für die anderen genannten Leitwörter. Rhetorische Prinzipien wurden auch für die Gestaltung deutscher Texte übernommen. Luthers angebliche Ablehnung der Rhetorik ist zu einem guten Teil Legendenbildung.[35] Rhetorische Elemente finden sich auf Schritt und Tritt in seinen Schriften. Es gibt viele Zeugnisse des *docere, movere, delectare*, des Wortreichtums (*copia verborum*), der Redundanz, die allgemein wie auch für den *gemeinen man* so wichtig für das Verstehen ist; Zeugnisse der gewünschten Klarheit, der Angemessenheit im *stilus*, des Gebrauchs von Tropen im Sinne des uneigentlichen Sprechens in Metaphern und anderweitigen Umschreibungen.

Sehr eingängig stellt der Theologe Heinrich Bornkamm[36] gewisse Stilelemente Luthers als Schriftsteller vor: Rhythmus und Klangfarbe seiner Sprache; Assonanz und Alliteration; Auflösung der Abstracta in ihre gegenständlichen Inhalte; die unglaubliche Leichtigkeit, mit der ihm aus einem Begriff gedankliche und sprachliche Assoziationen hervorsprühen; der überwältigende Reichtum der Bilder, speziell auch der Naturbilder in ihrer Fülle und Genauigkeit, die sich wie ein *cantus firmus* des Lobpreises Gottes durch seine Schriften ziehen [...]; die Liste ließe sich ohne weiteres fortsetzen. Es ist ein Lob der rhetorischen Gestaltungsmittel eines Autors, der zwar Zeitgenosse der Humanisten ist – und doch ganz anders. Nicht seine Person steht im

Zentrum, sondern die Sache Gottes. In der Kirchenpostille (WA 10/I,1, S. 728) wünscht er:

> Oh das gott wollt, meyn und aller lerer außlegung untergiengen, unnd eyn iglicher Christenn selbs die blosse schrifft [...] fur sich neme.

Es folgen abschließend in diesem V. Kapitel über Luthers Sprachmächtigkeit und lebenslanger Spracharbeit einige Bemerkungen zu Wortschatz und Syntax.

Im Wortschatz ist die überregionale Einigungswirkung der Bibel der Hauptfaktor. Das wird in Kapitel VI. genauer ausgeführt. Daneben nennt Erben (1974)[37] in seinem materialreichen Beitrag über den Aufbau des lutherischen Wortschatzes die Durchsetzung von Neuerungen, sei es in der Wortform (*Aussatz*, statt älterem *uzsetzicheit*; *ehrgeizig* statt *êr*[*en*]*gîtec*), sei es im Wortinhalt (*anfahren* ‚heftig ansprechen', *sich begeben* ‚ereignen', *Richtschnur* ‚Kanon, Regel'). Hierher gehören auch zentrale Begriffe des Protestantismus, die in einem neuen Sinne gebraucht werden: *Glaube, Gnade, Sünde, Buße, gerecht, fromm, evangelisch* etc. Neben den Neuerungen stehen (vermutliche) Neubildungen Luthers (*bluttgeld, fewreyffer, die friedfertigen, gastfrey, menschenfischer, morgenland, nachjagen, plappern, schaffskleyder, schedelstett, wetterwendisch*, etc.). Hinsichtlich der Wortbildung finden sich bei Luther neben den Modellen und Elementen, die mit der nhd. Schriftsprache übereinstimmen, auch noch andere Variationen wortbildender Formation aus der Übergangszeit vom Mittelhochdeutschen zum Neuhochdeutschen.

Bezüglich der Syntax ist zu fragen, ob Luther, einmal abgesehen von seiner unbestrittenen Weitenwirkung, eine Sonderstellung in seiner Zeit einnimmt. Die Antwort lautet: eigentlich ‚nein'. „Alle syntaktischen Erscheinungen der Luthersprache sind auch im Sprachgebrauch der Vor- und Mitzeit Luthers nachweisbar, einige anscheinend nur mitteldeutsch." (Erben, Grundzüge einer Syntax, 1954, S. 154; vgl. Anmerkung 38). Auch eine gewisse Nähe des lutherischen Satzbaus zur Volkssprache ist offensichtlich kein Alleinstellungsmerkmal. Er ist bezüglich des Sprachinventars eingebunden in seine Zeit. Es bleibt aber die Handhabung dieses Inventars als Beurteilungsfeld – und da zeigen sich sehr wohl erhebliche Unterschiede, wie vergleichende Paralleluntersuchungen zeigen.[38]

VI. Die Verbreitung der ‚Lutherbibel' und die sprachliche Reaktion der Regionen im 16.-18. Jahrhundert

Die Bibelverbreitung ist eine unglaubliche Erfolgsgeschichte. Wittenberg allein verzeichnet von 1522-1546 zehn Auflagen der Vollbibel und rund 80 Teilausgaben, vornehmlich des Neuen Testaments. Im gleichen Zeitraum kommt es zu 260 auswärtigen Nachdrucken und zusätzlich fünf Vollbibeln und 90 Teilausgaben in niederdeutscher Sprache. Nach vorsichtigen Schätzungen waren etwa eine halbe Million Lutherbibeln im Umlauf, bezogen auf etwa 12-15 Millionen Einwohner damals. Diese Auflagenzahl ist gewaltig im Vergleich zur Textproduktion im Mittelalter und lässt auch bereits die unerhörte soziale Breitenwirkung für die damalige Zeit erahnen. Ich zitiere zum Zeugnis den entschiedenen Luthergegner Johannes Cochlaeus, der 1549 in seiner Lutherbiographie im Rückblick Folgendes berichtet (Übersetzung aus dem Lateinischen):

> Ehe denn aber Emsers Arbeit [= kath. Übersetzung des Neuen Testaments, 1527] an den Tag gegeben, war Luthers Neues Testament durch die Buchdrucker dermaßen gemehrt und in so großer Anzahl ausgesprengt, also daß auch Schneider und Schuster, ja auch Weiber und andere einfältige Idioten [im Sinne von ‚gewöhnlicher' Mensch; unkundiger Laie], soviel deren dies neue lutherische Evangelium angenommen, wenn sie auch nur ein wenig Deutsch auf einem Pfefferkuchen lesen gelernt hatten, dieselbe gleich als einen Brunnen aller Wahrheit mit höchster Begierde lasen. Etliche trugen dasselbe mit sich im Busen herum und lernten es auswendig.[39]

Führende Druckorte, neben Wittenberg, waren zudem Augsburg, Straßburg, Nürnberg, sodann Leipzig und Erfurt. Die niederdeutsche Übersetzung, parallel zur lutherischen, wurde 1534 von Bugenhagen, genannt Pommeranus, verantwortet und in Wittenberg, Erfurt und vor allem in Magdeburg gedruckt. Der niederdeutsche Bibeldruck erlischt in den 1620er-Jahren. Es wird somit die hochdeutsche Lutherversion in ganz Norddeutschland übernommen.

Das 17. Jahrhundert ist gelähmt durch den 30-jährigen Krieg und seine langnachwirkenden Folgen. Wittenberg verliert in dieser Zeit auch die Vorrangstellung im Bibeldruck. Die Führung geht über an Lüneburg, Nürnberg, Frankfurt a. M.

Hinsichtlich der kritischen Textwiedergabe erhält zunehmend die Wittenberger Bibelausgabe von 1545 eine Art kanonischer Dignität für die weitere Bibeltradierung. Große Verdienste in der Sicherung eines verlässlichen Textes unter Rückgriff auf 1545 kommen dem Generalsuperintendenten für Bremen und Verden, Dr. Johann Dieckmann, für die Stader Bibeln seit 1690 zu. Bezüglich der Rechtschreibung wird auf Bödikers Grammatik ‚Grundsätze der Teutschen Sprache' verwiesen, es wird also die orthographische Weiterentwicklung beachtet. Die Stader Bibel von 1703 wird Textgrundlage für die Canstein-Bibeln 1713f. in Halle. Damit beginnt eine revolutionierende Innovation in der Drucktechnik: Carl Hildebrand Freiherr von Canstein publiziert 1710 einen „Ohnmaßgeblichen Vorschlag / wie Gottes Wort denen Armen zur Erbauung um einen geringen Preiß in die Hände zu bringen" sei. Er gründete die Cansteinische Bibel-Anstalt zu Halle a. d. Saale, entwickelte 1712/13 den Stehsatz, verzichtete auf Bilderschmuck und ermöglichte so in Zusammenarbeit mit den Anstalten des Waisenhauses in Halle eine in diesem Ausmaß nicht für möglich gehaltene Senkung des Bibelpreises. ‚Stehsatz' bedeutet, dass alle Drucktafeln einer Ausgabe erhalten bleiben und später für eine weitere Auflage wieder beigezogen werden können. Das erspart jeweils das Neusetzen der Drucktafeln und lässt also vielfache Abdrucke zu. Voraussetzung ist ein großer Vorrat von Druckbuchstaben. Dieser Vorrat wurde von Freiherr von Canstein finanziert. – In den folgenden Jahrzehnten werden hohe Druckauflagen erreicht. Ein Rechenschaftsbericht von 1775 (Bibel-Vorwort) gibt an, „daß über eine Million ganzer Bibeln, und über siebenhundert tausend neue Testamenter bis hierher in alle Provinzen Deutschlands und andere Länder, wo sich Deutsche befinden", ausgestreut werden konnten, dies allein von einem Ort und einer einzigen Anstalt aus. Nach weiteren gut hundert Jahren (1883) erhöht sich die Gesamtbilanz der Cansteinischen Bibel-

und Bibelteildrucke auf über 5,8 Millionen.[40] Der Stehsatz ist einerseits eine textstabilisierende Errungenschaft auf lange Sicht und entsprechend auch immun gegen Sprachwandel. Das erfordert dann Randerklärungen oder später auch Glossare.

Bezüglich der Texttradierung sind zwei wichtige Vorgänge zu beachten: Einmal die sprachlichen Reaktionen der Regionen in Süd und Nord auf dieses ‚mittlere' Lutherdeutsch; zum anderen der Prozess des sprachlichen Veraltens der ‚Stehsatz-Bibel', insbesondere im Wortschatz. Zusätzlich kommt noch ein dritter Faktor hinzu – die retardierende Wirkung der Gegenreformation mit dezidierten Gegenmaßnahmen, vor allem in Oberdeutschland.

Eine rasche Reaktion aus dem Südwesten, aus Basel, also vom westoberdeutschen Gebiet, kam 1523 von dem Drucker Adam Petri, indem er dem Druck ein Wortregister hinzufügte. Schon 1522 erschien bei Petri der erste Nachdruck des NT, noch ohne Register. Den Rest der Auflage ließ er 1523 mit einem Wortregister versehen mit folgender Begründung:

Adam Petri. Lieber Christlicher Leser / so ich gemerckt hab / das nitt yederman verston mag [= verstehen kann] ettliche wőrtter im yetzt gründlichen verteutsche(n) neuwen testament / doch die selbigen wőrtter nit on schaden hetten mőgen verwandlet werde(n) / hab ich lassen die selbigen auff vnser hoch teutsch außlegen vnd ordenlich in ein klein Register wie du hie sihest / fleißlich verordnet. (s. Abb. 10).

Adam Petri.

Lieber Christlicher

Leser/So ich gemerckt hab/das nitt
yederman verston mag ettliche wörtter im yetzt gründtlichen verteutschtē
neuwen testament/doch die selbigen
wörtter nit on schaden hetten mögen
verwandlet werdē/hab ich lassen die
selbigen auff vnser hoch teutsch außle
gen vnd ordenlich in ein klein register
wie du hie sihest/fleißlich verordnet.

A

änlich	gleich.
Afftereden	nach reden.
Alber	nerrisch/fantaschtisch.
Altuättelisch fabel / alter wiber mer-	
Anbiß	morgē essen. (lin-
Anfal	anteil/loß/zůfall.
Anfurt	der schiff anlendūg.
Anstoß	ergernuß/strauchlung
Auffschub	verzug.
Aufftrucken	verweisen/beschuldigē

B

Bang	engstlich/zwāg/gedrēg
Beben	bidmen.
Befragen	zanckē/zwitrechtig sin
Befrembden	verwundern.
Beruckung	vahung.
Beschicken	begrüben/volgten/be-
Bestricken	fahē/binden (statte.
Besudlen	verunreinen/beflecken.
Betaget	alt/hat vil tage.
Betewben	truckē/krafftloß machē
Betrauwen	verbietten/trewen.
Betretten	radschlagē/vnderredē.
Betüngen	tüngen mit mißt.
Bewüst	erkant/erfaren.
Beylag	vertrawt/hinō gelegt
Blehen	hochmütig sin. (güt.
Blaßtückerey	böß/tückisch/listig.
Blotzling	gehling/schnelliglich.
Brachtig	hochmütig/hochfertig
Brauffen	rauschen/sausen.

Brüfen	mercken/erkennen.

D

Darb	notturfft/armůt.
Darben	nott/armůt leyden.
Deutlich	offentlich/mercklich.
Dürstig	keck/kün.

E

Empören	erheben/strensen.
Entkamen	entrunnen/entliessen.
Enlich	glich.
Entwandt	entzogen/entwert.
Erbschichter	erbteiler/erbscheider.
Erdtbeben	erdtbydem.
Ethaschen	erwischen/fahen.
Erndten	schneiden.
Erregen	entporē/auffrůr machē
Ersauffen	ertrincken.
Eyffer	ernst.
Eyttel	wan/lår/vnnütz.

F

Fahr	ferligkeit/sorgklich.
Ferne	so ferr/so weyt.
Feynantzer	newfündiger zů bösen.
Feyl	nachlessigkeit/versům-
Fåle	missethat/sünde (niß.
Fal.	mangel/gebresten.
Feltweg	rast/roßlauff.
Fewreyser	saurner ernst.
Flehen	bitte/ernstlich begeren.
Flicken	bletzen.
Freyen	weiben/eelich werden.
Frümmen	nutz/gewin.
Fülen	empfinden.

G

Gebůr	billich/gemeeß.
Geborsten	gebrochen/zerrissen.
Gedeyen	wachßen/zůnemen.
Gefeß	geschir
Gegent	landtschafft
Geheymniß	heimlikeit/Sacramē.
Gehorchen	gehorsā/vndthenig sin
Gelindigkeit	gütig/sennft/milt.
Gepfropfft	geympfft/gepflantzt.
Gerücht	geschrey/leümed.
Gesteupt	mit růttlē gestrichē
Getreyde	korn/frucht.
Getümmel	vngestimm/auffrůr.

Abb. 10: Adam Petri, Basel 1523. Wortregister zu Luthers Neuem Testament.

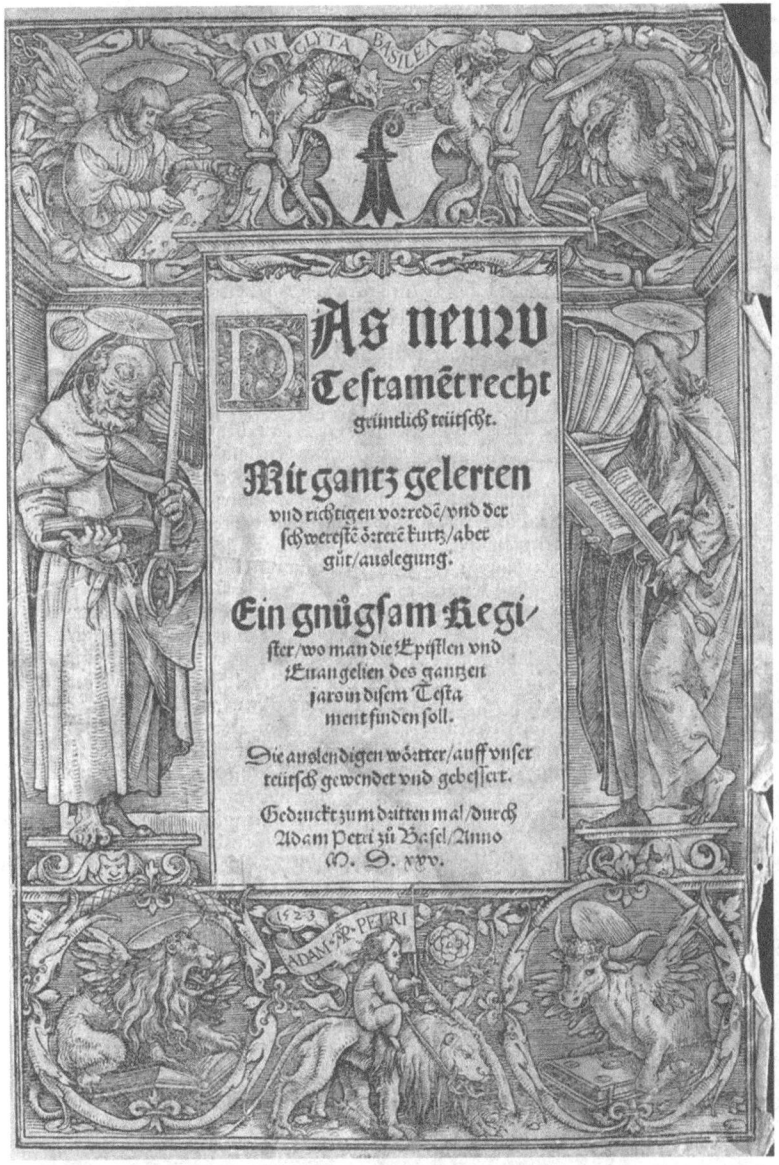

Abb. 11: Adam Petri, Basel 1525. Titelblatt NT (Luther). Mit Ankündigung des Registers ‚ausländischer' Wörter.

Abb. 12: Johan Knobloch, Straßburg 1524. Titelblatt NT (ohne Nennung M. Luthers). Mit Übernahme des Basler Petri-Glossars.

Auf dem Titelblatt des NT (hier eine Abbildung des Nachdrucks aus dem Jahr 1525, s. Abb. 11) ist das Register eigens angezeigt: *Die auslendigen* [= ausländischen] *wörtter / auff vnser teutsch gewendet vnd gebessert.*

Petri nennt die Lutherwörter ‚ausländisch'; das Deutsch in Basel und wohl auch am Oberrhein, den er eine Zeitlang mit Nachdrucken versah,[41] bezeichnet er als *unser hochteutsch* (s. Abb. 10).

Hier ist weiterhin anzumerken, dass der Name Luthers als Übersetzer nicht erscheint. Im Übrigen ist bei den angeführten ‚Fremd-Wörtern' nicht ganz auszuschließen, dass das eine oder andere doch auch irgendwo im großen oberdeutschen Gebiet bekannt war; das mindert nicht den Eindruck, in der Liste einen wichtigen Reflex oberdeutscher-mitteldeutscher Wortschatz-Differenz erkennen zu können. Petris Vorgehen machte Schule. Das Glossar wurde mit gelegentlich nur kleinen Änderungen zwischen 1523 und 1538 von dreizehn Druckern insgesamt vierzigmal nachgedruckt, und zwar in Basel, Augsburg, Nürnberg, Straßburg (s. Abb. 12), Hagenau, Worms und Mainz.[42]

Man darf wohl annehmen, dass danach der Bedarf solcher Hilfen bereits zurückgegangen war. Immerhin ist dieser ganze Vorgang ein wichtiges Zeugnis regionaler Sprachreaktion, fokussiert auf den Wortschatz.

In Straßburg wagt 1535 der Drucker Wendel Rihel Luthers Wörter und sogar die ‚Orthographie' im NT unkommentiert und ungeändert im Nachdruck stehen zu lassen:

> *Ich hab mich beflissen / seine* (Lutheri) *besondere wörter und Orthographey / so mehr auff Meissenisch denn vnser Hochdeutsch gebraucht / eigentlich* [= genau, ausdrücklich] *bleiben zu lassen / die Übung wird solchs auch wol verständig und gepreuchlicher machen / denen / so zur heiligen Schrift Anmůt* [= Verlangen, Lust] *haben.*

Das 16. Jh. kennt eigentlich kein Tabu hinsichtlich orthographischer und flexivischer Abänderungen entsprechend dem Usus der eigenen Region. Dass Rihel hier von jeglicher Änderung einer ‚Fremdvorlage' absehen will, ist wohl dem hohen Ansehen der Heiligen Schrift und des Übersetzers geschuldet. Übernahme in ‚Wort und Schrift', ohne Abänderungen und Glossar-Hilfe, gilt für größere Teile des mitteldeutschen Gebietes (Obersachsen, Thüringen, Schlesien) mehr oder weniger schon Mitte des 16. Jhs. Man kann auch Hessen und Rheinfranken einschließen. Für die westlichen Randgebiete des Mitteldeutschen verläuft die Angliederung unterschiedlich. Köln und der umgebende Raum wechseln schon um und nach 1550 von der westlich orientierten ripuarischen Schreibsprache zum neuhochdeutschen Schrifttypus, während der Niederrhein und die Grafschaften Bentheim und Lingen längere Zeit so etwas wie ein ‚Zwischenland' im Einflussbereich des Niederländischen und des Neuhochdeutschen bleiben.

Für das niederdeutsche Gebiet muss übersetzt werden. Der sprachliche Abstand zum Hochdeutschen – und damit auch zu Luthers Text – ist zu groß, als dass man mit schreibsprachlichen Anpassungen und Wortregistern arbeiten könnte. Für das Neue Testament Luthers (1522) und die Vollbibel (1534) entstehen fast parallel Übersetzungen in das Niederdeutsche. Die Protestanten dort lesen und hören gut hundert Jahre lang Gottes Wort auf Niederdeutsch. Nach 1620 läuft diese Tradition aus, es gilt fürderhin dann nur der hochdeutsche Bibeltext.

Die deutschsprachige Schweiz im oberdeutschen Gebiet unterliegt Sonderbedingungen, geprägt durch Randlage und frühe Eigenstaatlichkeit.[43] Hinzu kommt auch ein gewisser Grad von sprachlichem Abstand, wenn man etwa an (südliche) Kantonsdialekte denkt. Das alles hätten Stützelemente einer eigenständigen Schriftsprache auf schweizerdeutscher Basis sein können, entsprechend den Mehrheitsverhältnissen in der mehrsprachigen Schweiz. Dazu ist es dann allerdings nicht gekommen, wenn sich auch greifbare Ansätze einer Helvetisierung abzeichneten. Das ist an der Überlieferungsgeschichte der Zürchen Bibel u. a. abzulesen (vgl. Sonderegger 1998, S. 265f., s. hier Anm. 19). 1524 wird Luthers Übersetzung des NTs mehrfach in Zürich gedruckt, alsbald wird dort unter Zwingli weiter übersetzt und bereits 1531, also vor Luther, die übersetzte Vollbibel gedruckt. Dort, wo schon Übersetzungsstücke Luthers vorlagen, wurden Wörter nach *vnserem oberlendischen teütsch / auff bitt etlicher / geendert*, teils an einigen Stellen der Sinn klarer und verständlicher gemacht (s. Vorrede, 1531). Bis zur gründlich geplanten Zürcher Bibelrevision von 1665-67, also innerhalb von gut 130 Jahren, finden Elemente helvetisch-schreibsprachlicher Herkunft Eingang in den Bibeltext. Diese werden zunehmend beseitigt, und der Bibeltext wird in einer zweiten Revision 1755/56, sodann in einer Ausgabe von 1772 (laut Vorrede) „nach dem nun einmal in ganz Deutschland angenommenen Sprachgebrauche [...] eingerichtet." Die Zürcher Bibel hat hier die führende Rolle bei der Durchsetzung der neuhochdeutschen Schriftsprache in der Schweiz übernommen, wohl über die oberdeutsche Brücke. Die eigenständige Schriftsprache wurde also nicht erreicht, aber heimische Wörter im Zürcher Bibeltext hielten sich noch relativ zäh bis zum beginnenden 19. Jh. Einen gewissen Eindruck davon vermittelt beispielsweise die kontrastive Tabelle von acht Wortschatzpaaren lutherischer bzw. zürcher Herkunft, nämlich *Ufer/ Gestade; quälen/ peinigen; schmücken/ zieren; Küchlein/ Jungen* (der Henne); *Scheffel/ Viertel; Motten/ Schaben; Heuchler/ Gleisner; Lippen/ Lefzen* (s. Abb. 13). Diese Wortkonkurrenzen sind schon bei Adam Petri, Basel 1523, in seinem Glossar aufgeführt. Dort gibt es auf der alemannischen Seite gelegentlich noch eine ergänzende Zusatzvariante, z. B. *Heuchler= Gleisner, trügner*, oder auch *Scheffel= Sester, Symmeryn* statt *Viertel* in der Zürcher Bibel.

Generell steht hier mitteldeutscher (Lutherbibel-)Wortschatz gegen oberdeutschen Wortschatz (bezeugt in Basel und Zürich), im Oberdeutschen z. T. mit Varianten.

Luther	Ufer	quälen	schmücken	Küchlein	Scheffel	Motten	Heuchler	Lippen	Gestade	peinigen	zieren	Jungen	Viertel	Schaben	Gleisner	Lefzen	Zürich
1522																	1531
1545																	1545
1569																	
1626																	1638
1694																	1683
1736																	1745
1797																	1755
																	1772
																	1789
1892																	1817
																	1882
1912																	1931
1984																	1996

Abb. 13: *Wortkonstanz in der Lutherbibel, Wortkonstanz in der Zürcher Bibel – mit spätem Übergang zur Lutherform.*

Die kontrastive Tabelle zeigt für die Lutherbibel eine erstaunliche durch die Jahrhunderte durchgehende Wortkonstanz. Die einzige Ausnahme ist 1984 *Küken* für *Küchlein* (= das kleinkarierte Quadrat), übrigens 1996 auf der Zürichseite übernommen. Auch die Zürcher Bibel bietet eine beachtliche Konstanz gewisser heimisch-oberdeutscher Wörter bis gegen Ende des 18. Jhs, sodann erfolgt Schritt für Schritt die völlige Annäherung an das Luthermuster.

So wurde schließlich auch die heimische Wortschatzbastion in der Zürcher Bibel aufgegeben. Geblieben ist der Übersetzungsruhm mit Blick auf die Grundsprachen der Bibel, kontrolliert durch mehrere gründliche Revisionen vom 17. Jh. bis heute, ganz im Gegensatz zu den späten, überfälligen kirchenamtlichen Revisionen der Lutherbibel, zaghaft beginnend erst Ende des 19. Jhs. In der mündlichen Alltagssprache ist der Anschluss an den neuhochdeutschen Sprachtyp nicht erfolgt. Hier ist die schweizerdeutsche sprachliche Identität gewährleistet und in der ersten Hälfte des 20. Jhs noch gewachsen. Als Gesamtüberblick über die Sprachgeschichte der deutschen Schweiz mit vielen Details und Aspektuierungen ist unübertroffen Artikel 190 von Sonderegger im Handbuch Sprachgeschichte.[44]

Das östliche oberdeutsche Gebiet deckt den bayrisch-österreichischen Raum ab. In Bayern setzt die sog. Gegenreformation (1555- ca. 1648) ein, greift auf andere Gebiete über und stützt sich seit dem Augsburger Religionsfrieden (1555) auf das *Jus reformandi* aller weltlichen Landesherren nach dem Prinzip des *Cuius regio, eius religio* bzw. auf den geistlichen Vorbehalt. Das führte partiell zur gewaltsamen Rekatholisierung protestantisch gewordener Gebiete und zum Verbot der Lutherbibel und protestantischer Schriften mit Maßnahmen der Konfiszierung. In diesen Gebieten war in dieser Zeit die Verbreitung der ‚Lutherbibel' markant eingeschränkt. Verfügbar waren konkurrierende katholische Übersetzungen von Emser (1527, NT), Emser/ Eck (1537, Vollbibel), Dietenberger, Ulenberg, u. a. m. Die allmähliche Textannäherung an Luther im Laufe der Zeit ist ersichtlich.

Der Blick auf das Oberdeutsche, und speziell auf das katholische Oberdeutschland wird erweitert, wenn man eine authentische Einschätzung aus der Mitte des 18. Jhs hilfsweise heranzieht. Es handelt sich um eine kleine Abhandlung des evangelischen Pfarrers und bekannten Zürcher Autors Johann Jakob Bodmer von 1755 mit dem Titel „Bestimmung der Verdienste D. Martin Luthers um die deutsche Sprache".[45] Es meldet sich hier eine Stimme zu Wort, die die Sprachentwicklung aus oberdeutscher Perspektive betrachtet. Da ist dann letztlich weniger von Verdiensten die Rede als von Verlusten. Bodmer beklagt den Abbruch der Kontinuität in der Entwicklung der deutschen Sprache. Man hätte auf das Mittelhochdeutsche zurückgreifen sollen. Der große Luther hätte dort „allen Reichthum der Wörter, alle Wendungen der Säze, allen Nachdruk, alle Zierlichkeit" für seine Übersetzungsarbeit finden können. Aber er schloss leider nicht an diese Tradition an. So entstand eine Art Kluft zwischen dem

Alten und dem Neuen, wofür Beispiele genannt werden. In protestantischen Landen setzte sich dieser veränderte Sprachtypus durch, dies wiederum zeitigte Unterschiede gegenüber der Sprache der „catholischen Provinzen Deutschlandes".

> Vor Luthers Veråndérungen war der Unterscheid zwischen der såchsischen Mundart und der Beierischen oder Oesterreichischen ungleich geringer, als er heut zu Tage ist. Eben dieses mag zum Theile auch Ursache seyn, daß die Provinzen an dem obern Rhein, welche des Zwingels [= Zwinglis] Lehre folgten, und seine Bůcher lasen, in welcher die Sprache der Schwåbischen Kaiser sorgfåltiger behalten ward, viel spåter der Såchsischen Sprache sich beflissen haben, und noch izo in vielen absonderlichen Stůken davon abweichen. (S. 314/15)

Die Schweizer sind also aus den genannten Gründen ‚im Verzug', ebenso die katholischen Provinzen, hier im engeren Sinn das ‚katholische Oberdeutschland'. Beide verbindet eine gewisse Nähe zum Mittelhochdeutschen des hohen und späten Mittelalters, das ja aus oberdeutscher Grundlage hervorging. Die Grundlage des ‚neuen Deutsch' ist mehr zur Mitte des ganzen deutschen Sprachgebietes verschoben. Der östliche Teil des Oberdeutschen, also der bayerisch-österreichische Raum, hält an der althergebrachten, weitverbreiteten und angesehenen kaiserlichen Schreibsprache fest. Zunehmend im 16. und weit ins 17. Jh. hinein gilt diese dann als gut katholisch, Adaptionen der neuen Form auf der Lutherspur hingegen als ketzerisch, man denke nur an das sogenannte ‚Lutherische-e'. Dieses war als konfessionelles Stigma für ‚protestantisch' markiert, weil in der mitteldeutschen Sprache Luthers die Endungs-e der Wörter erhalten geblieben waren, im Oberdeutschen nicht (Beispiel *der Glaube* >< *der Glaub, die Liebe* >< *die Lieb, müde* >< *müd, ich fahre* >< *ich fahr,* etc.). Staatliche und kirchliche Maßnahmen auf katholischer Seite haben im Gefolge der Gegenreformation diese Konfessionalisierung von Sprache mit ins Spiel gebracht. Es wurden auch einige sprachlandschaftliche Kennwörter einbezogen, ebenso gewisse landschaftliche Flexionseigenheiten, Elemente also, die, für sich genommen, eigentlich kaum eine wirkliche Sprachabgrenzung darstellten. Das Festhalten an der überkommenen Schreibsprache wie auch die Konfessionalisierung von alter sprachlandschaftlicher Variation betraf vergleichsweise große Gebiete in Bayern, ähnlich in Österreich. Erst das 18. Jh. brachte das Ende der Konfrontation und schließlich die gemeinsame Schriftsprache aller deutschsprachigen Gebiete auch im ‚Oberland'.

Die Abläufe im Einzelnen sind durch zahlreiche Arbeiten von Reiffenstein und Wiesinger gut erforscht; zusammenfassend beschrieben etwa in den Artikeln 191-193 im Handbuch Sprachgeschichte (2003).[46]

Der Prozess des Veraltens der textstabilen ‚Lutherbibel' wird erstmals 1691 greifbar durch die Beifügung eines Glossars im Bibeldruck.[47] Es ist der Erstabdruck der umfänglichen Zusammenstellung von Johann Pretten, Superintendent in Schleusingen. Erste Ansätze solcher Worterklärungsarbeit lassen sich allerdings bis in die 1660er-Jahre zurückverfolgen. Die Anzahl der Stichwörter wechselt in den zahlreichen Nachdrucken von 1694 bis 1806 von 400-500 in den Großregistern (etwa 1694, 1732, 1734) bis zu 14 Stichwörtern (etwa 1815, nur NT).

Der Verfasser dieser Zeilen konnte 12 solcher Glossare (1694-1818) aus der Bibelsammlung der Württembergischen Landesbibliothek Stuttgart in einem ersten Zugriff analysieren und vergleichen.[48] Die erste und wohl wichtigste Erkenntnis ist, dass die Rede vom ‚Veralten' von großer Komplexität ist. Das klingt schon in den jeweiligen Glossar-Überschriften an, wie man in deren Auflistung zeigen kann.

1694: Erklärung der alten an vielen Oertern unbekannten in der Teutschen Bibel befindlichen Teutschen Wörter.

1700: Unbekannte teutsche Wörter, die in Lutheri Version vorkommen.

1703: Erläuterung einiger teutschen Wörter / die in diser Version untereinander verwechßelt / worden / u. werden können / darvor auch gemeiniglich / aber nit allemahl / ein t oder ɂ stehet.

1704: Das andere Haupt=Register / Die Verstands=Erklärung einiger der tunkelsten Wörter / welche von dem gemeinen Gebrauch abgehen / und der H. Schrift für andern eigen sind.

1732: Erklärungs=Register / Verschiedener, theils unbekannten und Alt=Deutschen, theils aus den Grund=Sprachen beybehaltenen, und in Lutheri Uebersetzung fürkommenden Wörter.

1734: Kurtz=gefaßte Erklärung derer duncklen Wörter, Welche Lutherus in der deutschen Ubersetzung aus der Grund=Sprache beybehalten.

1758: Erklärung einiger, in der Bibelübersetzung Lutheri vorkommenden, altdeutschen, oder sonst etwas unbekannten, Wörter.

1760: Alphabetisches Register der alten teutschen und unbekanten Wörter, die in der Lutherischen Uebersetzung der heiligen Schrift vorkommen, und hier erkläret werden.

1801: Register über die altdeutsche und andere unbekannte Wörter.

1806: Register zur Erläuterung einiger dunkeln auch alten und aus den Grundsprachen noch beybehaltenen Wörter und Gebräuche, die in der Bibel vorkommen und dem gemeinen Mann größtentheils unbekannt oder nicht recht verständlich sind.

1815: Unbekannte oder altdeutsche Wörter und Bedeutungen derselben.

1818: dito.

1819: dito.

Erklärung
der alten und andern an vielen Oertern unbekannten in der Teutschen Bibel befindlichen Teutschen Wörter.

A.

Abbringen/ 2. Kön. 21/3. Abschaffen/zu nichte machen.
Abweg/ Sprüchw. 2/15. Irrweg/ Nebenweg.
Acht/ Esr. 7/26. Ausschliessung aus einer Stadt/ Lande. Verweisung.
Aeffen/ Sir. 13/7. in Irrthum verführen/ und solche Verführte verspotten.
Aeffen/ 2. Chron. 36/16. Sich selbst in Irrthum verführen/ und andere als Verführer unbilliger Weise verspotten.
Aerse/ 1. Sam. 6/4. ꝛc. Gefässe an den Menschlichen Leibern/ und zwar/ welche mit den beschwerlichen Feigwartzen behafftet sind. Solche Bilder.
Affftergeburt/ 5. Mos. 28/57. Nachgeburt/ darinnen die rechte Geburt eingeschlossen gewesen.
Afftersabbath/ Luc. 6/1. der nähefte Tag nach dem rechten Sabbath/ bey uns der Montag/ bey den Jüden der Sonntag. Etliche verstehen den Sabbath der/ zu nächst nach dem Osterfeste folgete. Etliche den andern von denen zweyen ersten Sabbathen im ersten Monate des Kirchen-Jahres/ vor dem Osterfefte.
Altvettelisch/ 1. Tim. 4/7. Altweibisch/ erdichtet.
Anbruch/ Rom. 11/16. der erste Teig/ oder das erste Brot vom neuen Getreidig/ und Erstlingen.
Anfall/ Apostg. 8/21. Erbe/ Erblicher Anspruch/ Loß/ ꝛc.
Armspangen/ Jes. 3/19. Armringe/ 1. Mos. 24/22. Armbänder von mancherley Arten.
Aschenkuche/ 4. Mos. 11/8. der auf heisser Asche/ oder Kohlen gebacken ist.
Aschantopff/ 2. Mos. 27/3.ꝛc. darein die Asche gesammlet worden.
Auffretzen/ 4: M. 22/4. Auffressen/ verzehren.
Aufmutzen/ Sir. 13/26. eine Sache groß machen/ und deßwegen einen hart schelten.
Auffsätze/ Matth. 15/2.ꝛc. Menschen-Lehren/ Menschen-Satzungen/ darmit man recht aufgesetzet/ das ist/ betrogen wird.
Auserschollen/ 1. Th. 1/8. kuntbar/ offenbar.

Ausrichter/ Hebr. 7/22. der etwas zusaget/ und auch hält/ und ausrichtet.
Ausschäumen/ Epist. Jud. 13. Schaum auswerffen.
Ausschroten/ Jer. 48/12. mit Gewalt fortbewegen. In ein frembdes Land austreiben.
Aussetzen/ Richt. 12/9. Töchter ausstatten/ verheirathen.

B.

Bahn/ Weg/ Strasse.
Bann/ 5. Mos. 13/17.ꝛc. 1. Absonderung von dem gemeinen Gebrauche. 2. Das jenige selbst / welches also abgesondert ist. Wird von Menschen und andern Dingen gebrauchet. In gutem Verstande/ wenn GOtt dem HErrn etwas gewiedmet und geheiliget worden. Im bösen Verstande/ wenn etwas zum Greuel gemacht/ verfluchet/ zum Verderben und Tode verdammet worden. Von Menschen gesagt/ heissts auch/ von der Gemeine und Gemeinschafft der Heiligen ausschliessen. Daher kommt das Wort/ **Verbannen**: und die Reden: In Bann thun/ zum Banne machen/ mit dem Banne schlagen/ so in der heiligen Schrifft da und dort stehen. Griegisch heissts/ **Anathema:** Hebräisch/**Maharam, Motha**/ welche Wörter in der Teutschen Sprache behalten worden/ 1. Cor 16/22. (wiewol in dem Griegischen die Syrischen Wörter stehen/ **Maranatha**/ das ist: Unser HERR kommet die Verfluchten zu richten.)
Base/ sihe **Wase**.
Baß/ Besser.
Bastart/ Hebr. 12/8. Huren-Kind.
Baufeld/ Jer. 4/26. zum bauen tüchtiges/ fruchtbares Feld.
Belial/Lück/ 5. Mos. 15/9. verderbliche/ schädliche Tücke/ vom Hebräischen/ Belial/ das ist: Verderblich/ schädlich/ lose/ gottloß.
Berathen/ 2. Chron. 25/16.ꝛc. Rathschlagen/ Rathschluß machen.
Berathen/ Sprüchw. 8/21.ꝛc. Begaben/ beschencken/ reich machen.
Berathen/ Sir. 7/27. Ausstatten/ verheirathen.

Beu-

Abb. 14: Lutherbibel, Schleusingen 1694. Glossar alter und an vielen Örtern unbekannten deutschen Wörter.

Unbekannte oder altdeutsche Wörter und Bedeutungen derselben.

Aber, d. i. abermals, wiederum. Phil. 4, 6.

Anbruch, d. i. Erstling. Röm. 11, 16.

Dürftig oder **Thürstig** und **Dürstiglich** oder **Thürstiglich** d. i. herzhaft, kühn. 2 Cor. 10, 1. Phil. 1, 14. 2 Petr. 2, 10.

Eindächtig, d. i. eingedenk. 1 Theff. 2, 9.

Endelich, d. i. fleissig, unverdrossen. Luc. 1, 39.

Erwegen, sich des Lebens, d. i. das Leben verlohren geben. 2 Cor. 1, 8.

Fast, d. i. sehr. 2 Cor. 12, 15. und andere Stellen.

Fürbaß, d. i. weiter. Matth. 4, 21.

Koller, d. i. Gürtel oder auch Schurzfell. Apostg. 19, 12.

Krebs, Eph. 6, 14. 1 Theff. 5, 8. soviel als Panzer.

Löken, heißt theils hüpfen; Pf. 29, 6. theils hinter sich schlagen, sich widersetzen. Apg. 9, 5. c. 26, 14.

Reisige, d. i. Reuter. Off. 9, 16.

Söller, d. i. oberer Saal. Apg. 1, 13. c. 9, 37. 39. c. 10, 9. c. 20, 8, 9.

Weben, d. i. bewegen, hin und her bewegen. Apostg. 17, 28.

Abb. 15: Lutherbibel (NT), Tübingen 1815. Unbekannte oder altdeutsche Wörter und Bedeutungen derselben.

Es ist nicht ganz leicht, die Überschriften in allen Nuancen zu verstehen. Es ist von *alten,* gar *altdeutschen,* wiederum aber auch nur von *unbekannten deutschen* Wörtern die Rede. Sodann scheint es *dunkle* Wörter zu geben, die vom allgemeinen Gebrauch abweichen und insbesondere der Heiligen Schrift eigen sind. Dann gibt es *dunkle* Wörter, die aus der biblischen Grundsprache beibehalten wurden. Schließlich sollen Wörter aufgeführt werden, die miteinander verwechselt werden können (gleichlautende, homonyme, aber mit verschiedener Bedeutung). Es zeichnet sich so etwas wie eine Generalmaxime für diesen Typ von Bibelglossar ab, nämlich die, alles zu erklären, was irgendwie erklärungsbedürftig zu sein scheint für den *gemeinen Mann,* für *den großen Haufen* der Bibelleser und -hörer. Von diesem Blickwinkel her ist auch metaphorischer, uneigentlicher Sprachgebrauch, *geblümter* Stil eher dunkel und daher erklärungsbedürftig für den einfachen Bibelleser. Zwei Druckproben sollen einen ersten Eindruck vermitteln: Abb. 14 bietet die erste Seite des Glossars in der Schleusinger Bibel von 1694, Abb. 15 das knappe Register in einem Tübinger Druck des Neuen Testamentes von 1815.

In dem Blatt von 1694 kann man wohl *Affter-* mit seinen Zusammensetzungen, *Altvettelisch* und *Baß* in der Rubrik ‚veraltet, veraltend' einordnen; sodann eine Reihe von Wörtern und Wortbildungen, die mancherorts wohl unbekannt bzw. ungewöhnlich sind (*Aeffen, Anfall, Aufsätze, Ausschroten, Aussetzen*). Beim Wort *Bann* werden die verschiedenen Bedeutungen herausgearbeitet *in gutem* oder *bösem Verstande* (= Bedeutung). *Base* ist sowohl ein altes Wort wie auch sprachregionaler Variation unterworfen.

Das Tübinger Kleinregister von 1815 kann fast durchweg als Veraltensliste gelten. Hier kann man z. B. mit *Löken* eine Wendung festhalten, welche der *H.Schrift für* [= vor] *andern eigen sind* (Stilus Biblicus). Die ältere Form ist *lecken,* Apg. 26, 14 [= nach hinten mit den Füßen aufschlagen, sich widersetzen; vom Bild des mit dem Stachel angetriebenen Zugtieres]. Das ist der Anknüpfungspunkt für die bis heute bekannte Redensart: „Wider den Stachel löcken". In dem Glossar der in Stuttgart 1704 gedruckten Bibel (und in allen folgenden) ist *lecken* aufgenommen neben dem Hinweis auch ‚lecken' mit der Zunge. Dann folgt: Aber *lecken oder löcken heisst hüpffen und springen / hinauß schlagen und anstossen: welcher Gebrauch deß Worts nicht allenthalben üblich.* Es werden dann acht Bibelstellen mit *lecken* angegeben. Diese bleiben in der Lutherbibel bis zur ersten kirchenamtlichen Revision (NT 1870, Gesamtbibel 1892) erhalten, fortan ersetzt durch *springen/ hüpfen. Löcken* steht nach der dritten Revision (1957-1984) nur noch an einer Stelle, Apg. 26, 14, im Sinne der genannten Redensart.

Genauere Spurensuche hat schließlich ergeben, dass *lecken* im Sinne von ‚springen/ hüpfen' z. B. in Thüringen und darüber hinaus heimisch war und von Luther übernommen wurde. Luther selbst kommentiert 1531 die Übersetzung der Psalmstelle 29, 6 (am Rand): *Lecken / Das ist / springen / hupffen.* Das deutet wohl auf ein Regionalwort, das sich aber über Jahrhunderte im deutschen Bibeltext hält, dann erst ersetzt wird und mit Apg. 26, 14 nur kraft Redewendung-Status überlebt.[49] ‚Veralten' kann also auch bedeuten: sprachlandschaftlich (= bei uns) nicht bekannt, bzw., wie sonst schon angedeutet: in der Jetztzeit nicht mehr bekannt oder in der jeweiligen sozialen Leserschicht nicht bekannt bzw. durch stilistische Umformung schwer verständlich oder gar dunkel geworden; schließlich müssen auch Fremdwörter, Fremdbezeichnungen für gewisse Leser dunkel bleiben. So etwa lässt sich der Anlass für diesen Typ von ‚Erklärungsregister' umschreiben. Es ist im Grunde eher ein Erklärungs- als ein Veraltensregister. Weder ist die Gemeinschaftlichkeit noch nicht so stark ausgeprägt wie heute, noch sind die Leserschichten schriftsprachlich auf gleichhohem Verstehensniveau wie in der Regel heute. Die Verstehenshorizonte zwischen Volk und Elite waren damals weit auseinander. So versteht sich die weitgefasste Erklärungsbreite dieses Glossartyps. Es wäre falsch, ihn im engeren Sinn als klares Dokument veraltender Lutherbibelsprache zu verstehen. Es gibt übrigens in den Glossaren keine metasprachliche Markierung etwa ‚veraltet' oder ‚veraltend', wie heute in Wörterbüchern der Gegenwartssprache üblich. Die Gründe, warum bestimmte Wörter und Wendungen damals *unbekannt, dunkel, bibeleigen, alt, altdeutsch* sind, wurden schon angedeutet. Unsere heutige Sprachkompetenz wiederum reicht aber auch nicht aus, um den damaligen Zustand, also etwa den damaligen Grad des Veraltens des einen oder anderen Wortes, korrekt zu bestimmen. Was ist zu tun? Wie kann man sich methodisch helfen?

Es gibt die Hilfe zeitgenössischer Fachleute, sprich Grammatiker. Es sollen hier drei Grammatiker des 18. Jhs angeführt werden, die sich ausdrücklich auch über den Veraltensaspekt in der ‚Lutherbibel' äußern, das sind Bödiker, Frisch und Aichinger.[50]

Bödiker (II. Teil seiner Grammatik, Kap. LXXIV) gibt 29 Beispiele für veralteten bzw. veraltenden Wortschatz an. Luther habe dergleichen bei den Obersachsen und seinen Landsleuten gefunden, „die aber nun ganz oder fast veraltet sind". Mit diesem Kommentar führt er seine Liste an. Frisch bemerkt 1723 im Anschluss an die Liste von Bödiker, dass nunmehr viele die Notwendigkeit der Erklärung solcher Wörter erkannt haben, und erwähnt vor allem eine entsprechende Publikation von Dietrich von Stade, 1711 in erster und dann in weiterer Auflage erschienen.[51] Frisch selbst bietet 287 Wörter, wobei aus seinem Vorspann nicht klar hervorgeht, in welchem Umfang er Wörter von Stade übernimmt bzw. auch selbst neue hinzu bringt. Seine Liste ist alphabetisch angelegt. Er nennt vier Gruppen von Wörtern, die dort einsortiert sind:

(1.) „die [...] als veraltet wenigen mehr bekannt,
(2.) oder durch die veränderte Schreibart verstellt,
(3.) oder nur in einem Lande bekannt sind, in andern nicht,
(4.) oder von der Jugend aus Mangel an Erfahrung noch nicht verstanden werden [...]".

Hier sind einige Beispiele unter A und B der alphabetischen Liste: *Aber, äffern, die Acht, After, Abkneipen, Anger, Anbruch, Arche, Aufmuzen, Auffrezen, Ausschroten, Base, Baß, Blachfeld,* etc. Beispiele wie *Fittich, Hort, weidlich* u. a. werden nach Bekanntheit, Vorkommen, Sprach- und Stilschicht, nach schriftlichem/ mündlichem Gebrauch und aktuellem Stand des Veraltens charakterisiert. Frisch ist ein vorzüglicher Gewährsmann für Wortgeschichte und Wortgeschichten in der Nach-Luther-Zeit. Wir erfahren viel über die soziologischen und arealen Arrondierungsprozesse der heraustretenden Standardvarietät im 18. Jahrhundert. Wir bekommen es vorgeführt an einem herausragenden Text, am Bibeldeutsch. Die Geschichte dieser Selektionsprozesse ist zugleich immer auch ein zentrales Stück Geschichte unserer Nationalsprache.

Bei Aichinger geht man neben seiner ‚Sprachlehre' (1754) am besten von seiner Luther-Abhandlung 1774 aus (vgl. Anm. 50). Er liefert 35 Beispiele für ‚veraltet', zudem 13 weitere, „welche zwar noch in Uebung sind, aber die Bedeutung nicht mehr haben, in der sie der seel. Luther genommen hat."

Erstaunlich ist, dass sich Aichinger als einer der besten Sprachexperten jener Zeit auf 35 veraltete Wörter der Lutherbibel beschränkt, wo doch Frisch, fünfzig Jahre früher, bereits 287 vermerkt. Wie erklärt sich das? Aichinger thematisiert dieses Problem so:

> Man muß sich aber hierinnen eben nicht nach dem Sinn derjenigen richten, die ein Wort ums andere als veraltet auf den Schutthaufen werfen wollen, das doch noch immer im Gang ist, und woran auch nichts zu tadeln ist, als *massen, mithin, mit nichten, schier*, u. a. m. Wahrhafftig veraltete sind die folgenden:
>
> I. Wörter und Redensarten, welche zu dieser Zeit veraltet und ungewöhnlich sind:
>
> *Ausrichtig, Aweh, Baß, Eingewinnen, Endelich, Enhinter, Fahr, Fehl, Fergen, Frevel, Glum, Glun, Gnäze, Hehl, Hehr, Höfeln, keulichten Knäuffen, Reisige, Riege, Risch, seuchtig, Sichermal, Ströter, Theiding, Thürstig, Titel, Töpfen, Versiegen, Unsättig, Webern/ Weben, Weidlich, Wind, Zauen, Zerläche, Zwier.*
>
> II. Wörter, welche zwar noch in der Uebung sind, aber die Bedeutung nicht mehr haben, in der sie der seel. Luther genommen hat:
>
> *Aber, Begeben, Bescheidenheit, Eitel, Enthalten, Etwann, Fast, Knab, Schier, Versprechen, Wandel, Wohl auf!, Zeitung.*

Beide Gruppen von Wörtern, also I und II, sind kenntnisreich kommentiert, mit differenzierenden Bemerkungen zu ihrer arealen und zeitlichen Gültigkeit. Auf entsprechende Beispiele kann hier im größeren Zusammenhang nicht eingegangen werden. Der Äußerungsstil ähnelt dem von Frisch.

Bödiker, Aichinger und auch Frisch vermitteln uns in Ansätzen jene zeitgenössische historische Sprachkompetenz, die uns Heutigen naturgemäß fehlt. Von den Verfassern der umfänglichen Erklärungsregister seit 1691 in den Lutherbibel-Drucken mit z. T. 400-500 Wörtern unterscheiden sie sich offensichtlich dadurch, dass sie von einer umfassenderen Sprachkompetenz ausgehen als für den *großen haufen* der Bibelleser angenommen wurde. Veraltende Sprache ist zwar ein Thema in den Glossaren, aber gekoppelt mit unterschiedlichen Verstehenshorizonten bzw. Sprachkompetenzen und da insbesondere mit denen des Volkes, nicht der Oberen. So ist wohl auch Aichinger in seiner Luther-Abhandlung 1774 zu verstehen. Er sieht zwar Veraltensspuren in der Sprache der ‚Lutherbibel', aber das „auf den Schutthaufen werfen" geht ihm zu weit. Er registriert zwar auch Neuübersetzungen der Bibel, verweigert ihnen nicht eine gewisse Billigung, sieht aber keine Möglichkeit ihrer Durchsetzung:

> Was ist demnach zu rathen? Soll eine neue Uebersetzung der Bibel unternommen und in den evangelischen Kirchen eingeführet werden? Auf diese Frage kann ich nicht anders als mit nein antworten: und ich finde gar nicht nöthig, mehrere Gründe deßwegen anzugeben, als diesen einzigen. Ich sehe keine Möglichkeit vor mir, daß irgend eine neue Uebersetzung, sie komme her, von wem sie wolle, zu einem so allgemeinen Ansehen in der Kirche empor steigen könne, als dasjenige ist, worinnen die Uebersetzung D. Luthers stehet. (1774, S. 29)

> So bald man aber eine Uebersetzung, wenn sie auch aufs beßte gerathen wäre, der ganzen evangelischen Kirche anbieten wollte, um sie an Statt D. Luthers auf Altären und Kanzeln zu lesen: so würde gewiß aus den meisten Ländern ein lauter Widerspruch erschallen; und dieß nicht nur aus Furcht vor Aergernuß und Verwirrung des gemeinen

Volkes, sondern auch aus der Ursache, weil das, was etlichen gefällt, immer viele andere antrifft, denen es nicht gefällt. (1774, S. 30)

Aichinger spricht sich schließlich für Beibehaltung der Lutherübersetzung mit Verbesserungen auf eine etwas *unmerklichere Weise* aus:

> daß die Verbesserung der Lutherischen Uebersetzung auf eine etwas unmerklichere Weise geschehen sollte, wie sie bisher schon wirklich hie und da durch Aenderung der Orthographie und vieler einzelner Wörter und Redensarten geschehen ist, deren ungeachtet sie Luthers Uebersetzung heisset und bleibet. Er selbst hat, so lang er lebte, die Ausgaben seiner Bibel von Zeit zu Zeit also verändert und corrigirt, daß ich nicht einmahl das verlangen will, daß an seiner Version so viel verändert werde, als er selbst daran ändern würde, so er jezt noch leben könnte.

Diese Sehweise hat sich dann schließlich durchgesetzt – mit langem Atem. 1857 beginnt die erste kirchenamtliche Revision der Lutherbibel. Die dritte Revision der Gesamtbibel wurde 1984 abgeschlossen. Für Luther schon begann zu seinen Lebzeiten das Prinzip der Kontinuität der Verbesserung. Das setzte sich nach seinem Tod im 16. und 17. Jh. zunehmend mittels Anpassung der Orthographie und Flexionsmorphologie an die Entwicklung der wichtigen Druckersprachen durch. Die ‚Luthersprache' definiert sich nicht nach Laut (Buchstabe) und Form. Diese beiden Bereiche sind lange variabel in der deutschen Sprachgeschichte – auch im Bibel-Deutsch. Wer wie Konrad Burdach und Virgil Moser aufgrund von Veränderungen in diesen Bereichen schon für die Zeit um 1600 den ‚Tod der Luthersprache' proklamiert, der unterliegt einem großen Irrtum. Das ‚Signum' der Lutherbibelsprache ist Wortschatz, Syntax und Stil. Hier scheute man kirchenamtlich über Jahrhunderte jeglichen Eingriff in den lutherischen Bibeltext. Die Revisionen haben zunächst und äußerst behutsam Archaismen im Wortschatz beseitigt, die Syntax wurde, z. T. auch wegen ihrer Nähe zur gesprochenen Sprache, wenig tangiert. Diese Bibel wirkte in Richtung sprachlicher

Übereinkunft in einem sprachdisparaten Land. Sprachliche Reaktionen der Regionen erledigten sich nunmehr endgültig.

VII. *Wo das beste Teutsch zu finden sei.* – Äußerungen von Autoren des 16. und 17. Jahrhunderts über die Sprache von Orten, Regionen, Institutionen und Personen und deren Geltung/ Prestige

> Für die Geschichte der Schriftsprache sind Urtheile der Schriftsteller über ihre eigene Sprache oder Mundart [...] von hoher Wichtigkeit, und sie sind es auch dann, wenn sie eine irrthümliche Ansicht kundgeben. So wird es für die richtige Auffassung über die Entstehung und Verbreitung des Neuhochdeutschen nicht minder nöthig sein, derartige Zeugnisse [...] zu sammeln.[52]

Es fehlte lange eine systematische Erkundung solcher ‚Zeugnisse', authentische Äußerungen damaliger Zeitgenossen. Selbst wenn sie, vor allem im 16. Jh., z. T. noch sehr schwankend im Urteil sind, so ist das wohl ein Niederschlag der Realität, d. h. der noch nicht gegebenen bzw. noch nicht klar erkennbaren Stabilität der schriftsprachlichen Entwicklung im deutschen Sprachgebiet. Der Geschichtsverlauf im Deutschen ist polyzentrisch; es gab keine frühe endgültige Fixierung eines Machtzentrums mit daraus erwachsender Sprachdominanz. Insofern sind wir ‚Nachzügler' etwa im Vergleich mit England und Frankreich.

Seit 1976 gibt es eine bemerkenswerte Sammlung und Kommentierung von Äußerungen über Sprache aus dem 16. und 17. Jahrhundert von Dirk Josten.[53] Diesem Band liegt eine Doktorarbeit zugrunde, die der Verfasser des vorliegenden Buches damals in Bonn betreuen durfte mit „Anregungen und hilfreichen Gesprächen", wie Josten in einer Vorbemerkung vermerkte. In dieser Vorbemerkung ist auch das Zitat von Bechstein (s. Anm. 52) als eine Art Handlungsanweisung für den damaligen Doktoranden angeführt.

Dirk Jostens Arbeit ist in den letzten Jahrzehnten in Fachkreisen häufig zitiert worden, aber in fast allen Fällen eher ‚punktuell'. Bei der Verfolgung der Lutherspur in der deutschen Sprachgeschichte scheint es geboten zu sein, seine Ergebnisse zusammenhängend, wenn auch in gedrängter Form, hier einzubringen. Dass sie diese Wertschätzung verdienen, verraten seine klaren Grundsätze einer systematischen und weitreichenden Sichtung der zeitgenössischen Schriften vorwiegend nach den Originaldrucken in folgenden Quellenbereichen (s. S. 10f.): Rhetoriken; Poetiken, Grammatiken, Orthographielehren; Schreibmeisterbücher, Leselehren, Wörterbücher; Einleitungen und Schlussworte einer großen Anzahl von Bibeldrucken und Katechismen, protestantischer wie katholischer Seite; Neudrucke, Faksimileausgaben, gesichtet auf Normthesen hin; Schul- und Kirchenordnungen in Nachdrucken und Sammlungen, geprüft auf Sprachnorm-Hinweise; schließlich Aufnahme der bisher in der Forschung bekannten Sprachnormzitate in Fachbüchern, Sprachgeschichten, Monographien. Die Anzahl der gesichteten Quellenteste ist beeindruckend, so dass auch quantitative Angaben mindestens hinsichtlich der Tendenz vertrauenswürdig sind. Auch die umsichtige Art der Beurteilung und Einordnung der vielen Belege sichert die Verlässlichkeit der formulierten Ergebnisse.

Aus der Fülle der Hinweise ergaben sich folgende Schwerpunkte für die Sprach-Argumentation des 16. und 17. Jhs, die dann auch als Gliederungspunkte der Arbeit dienten.[54]

1. Das Sprachvorbild einer Sprachlandschaft bzw. die Behauptung einer **sprachlandschaftlichen Priorität**.

2. Ansehen und Mustergültigkeit einzelner hervorragender Schriftsteller bzw. Redner der Zitate als **personales Autoritätsprinzip**.

3. Die exemplarische Qualität von Büchern, Drucken und ‚besten Autoren' als **soziales Autoritätsprinzip**.

4. Das sprachliche Ansehen verschiedener Institutionen, somit ein **institutionales Autoritätsprinzip**.

5. Die Sprache hat den Maßstab ihrer Richtigkeit in sich selbst als ‚Grundrichtigkeit' oder Analogie, und sie erreicht dies durch grammatische Regulierung der Gegenwartssprache. In einem speziellen Bereich dieser These ist die Orthographie nach den Prinzipien von Phonetik und Etymologie regulierungsbedürftig. Diese Thesen und Reflexionen werden als **sprachimmanente Argumentation** gekennzeichnet.

Josten deutet im Anschluss an diese Gliederungspunkte, gleichsam vorgreifend, erste Ergebnis-Beobachtungen an.

Nach den zeitgenössischen Hinweisen und Äußerungen wird vor allem das Meißnische als vorbildliche Sprache einer Landschaft angesehen. Daneben werden, wenn auch erheblich seltener, fast alle anderen Dialekte herausgehoben. Thesen, die im Zusammenhang mit einer Sprachautorität zu sehen sind, nennen dem personalen Prinzip nach vor allem Luther, seltener Opitz. Ohne Betonung des ostmitteldeutschen Raumes findet man das Vorbild der ‚besten Autoren' bzw. das von ‚Büchern' und ‚Drucken'. Das vielfach bezeugte Sprachansehen der kaiserlichen Kanzlei und der Reichsabschiede weist in den deutschen Südosten bzw. in den westmitteldeutschen Raum, wo die Reichsabschiede gedruckt werden (Mainz). Deutlich im westmitteldeutschen Sprachgebiet liegt die sprachlich angesehene Institution des Reichskammergerichts, das sich bis 1693 in Speyer befand. Ebenfalls in diesem Gebiet liegt die sprachlich gerühmte Mainzer Kanzlei. Das häufig genannte Vorbild der Kanzleisprache ist sprachlandschaftlich ebenso neutral wie das selten angeführte der Schulen und Universitäten. Die sprachimmanente Normreflexion hat prinzipiell keinen landschaftlichen Bezug. Die Qualität der Normaussagen in den einzelnen Bereichen differiert in verschiedener Hinsicht. Neben knappen und vagen Hinweisen bei einem Großteil der Äußerungen im 16. Jahrhundert stehen kritisch reflektierte Normthesen bei manchen Grammatikern des 17. Jahrhunderts. Nicht selten findet man auch formelhafte Hinweise auf das eine oder andere Sprachvorbild. (Josten, S. 11)

Josten weist dann (S. 12) für die Einschätzung der einzelnen Äußerungen auf den Bezugsrahmen hin, in dem sie stehen, etwa auf die Zeit als Maßstab der Veränderung; auf die sprachlandschaftliche Herkunft der jeweiligen Autoren als möglicherweise begründendes Element; auf die Konfession; schließlich auf die Literaturgattung. Hinsichtlich der Literaturgattung erscheint es ihm letztlich aber wenig sinnvoll, den Bereich der sprachbezogenen Schriften generell für sich zu betrachten, da kaum signifikante Unterschiede zu dem anderen Schrifttum greifbar werden.

> Für die Differenzierung nach der sprachlandschaftlichen Herkunft der Autoren mußten [...] die Dialektgebiete zu größeren Sprachräumen zusammengefaßt werden. So blieb der niederdeutsche Raum für viele Aus-

sagenbereiche ebenso ungegliedert, wie der oberdeutsche. Im mitteldeutschen Sprachgebiet wurde das Westmitteldeutsche vom Ostmitteldeutschen getrennt. Die wenigen katholischen Stimmen werden in konfessioneller Motivation nur für die Lutherthese relevant. (Josten, S. 12)

Diese Angaben dienen zu einem besseren Verständnis der zwei tabellarischen Ergebnisübersichten (Josten, S. 215f.), die hier etwas später abgedruckt werden.

Zuvor soll aber noch eine kleine Auswahl von Spracheinschätzungen des 16. und 17. Jhs im Wortlaut geboten werden, um etwas vom Klang und der Diktion der damaligen Zeit wahrzunehmen. Diese Auswahl ist nicht als Spiegelbild der Ergebnisse zu verstehen:

Die Meisner haben vor anderen Nationen den Preiß / wegen der zierlichen Mundart / dahero man ihre Worte / weil sie rein und deutlich / sicherlich gebrauchen darff. / Hergegen muß man der Schweitzer / der Schlesier (!) / der Pommern / der Mårcker / und anderer Nationen Mundart meiden. (Christian Pudor, 1672; s. Josten, S. 23)

Es ist sonst fast låcherlich / daß ein und ander / sonderlich aus Meissen / jhnen einbilden dürfen / der Hochteutschen Sprache / jhrer Mundart halber / Richter und Schlichter zu seyn / ja sogar sich erkühnen / nach jhrem Hôrinstrument / [...] die Hochdeutsche Sprache / auch in Jhrer natürlichen unstreitigen Grundrichtigkeit zuendern. (Justus Georg Schottel, 1663; s. Josten, S. 34)

Arnold Möller richtet sich in seinem ‚Schreibstübelein', 1630:

mehrenteils nach der schönen Teutsch' Meißnischen Sprache und Schreibe Manier, so in allen Catzeleyen, auch bey mehr Hochgelährten Leuten annoch gebräuchlich, und theils nach der Hochlöblichen Fruchtbringenden Gesellschaft unvermischten lauter' Teutschen Schreib Arth[...] nichts ohne Ursache[...] geschrieben. (s. Josten, S. 48)

Eine Braunschweiger Schulordnung von 1596 verlangt für Gottesdienst und Schulunterricht die hochdeutsche Sprache [Braunschweig liegt im niederdeutschen Sprachgebiet]:

soll man die untersten Knaben alle buchstaben und wortter deutlich, langsamb und laut fursagen, und im deutschen sie zur oberlendischen Sprach

> gewehnen, das sie die epistolen und evangelien in der selben Sprach können vor dem altar [...] lesen. (s. Josten, S. 65)

In einem Augsburger Druck von Taulers Predigten, 1508, wird einleitend gesagt, dass die Texte:

> neulich corrigiert unnd gezogen seinnd zu dem meren taill auff gůt verstentlich Augspurger sprach, die da under ander teutschen zungen gemainiglich für die verstendlichste genomen und gehalten wirt. (s. Josten, S. 68)

Das angesehene Basler Ratsmitglied Rudolf Sattler hebt 1610 das Sprachvorbild des kaiserlichen Hofes in Wien und der österreichischen Lande hervor:

> Mein zwar in dieser nit geringen sach Judicium oder Vrtheil zufellen / halte ich meiner einfalt nach dafür / das dieser zeit bey der Röm.=Key. Mayest. Hoffs / dero Nider=Ober=vnd Vorder=Österreichischen Landen[...] die rechte teutsche Sprach gebraucht werde [...] (s. Josten, S. 83)

Grimmelshausen in: Teutscher Michel, 1673:

> wo und durch welche das beste Teutsch geredet werde [...] Den Ruhm dieser Ehr hat von langen Zeiten her zwar die Statt Mayntz gehabt, welches ich ihr als meiner lieben Landesmännin von Hertzen gern gönnen möchte, aber ich sorge, daß solcher jetziger Zeit nicht ihr, sondern vor ihr und allen anderen Stätten und Provintzen in gantz Teutschland der Statt Speyer und ihrem nächsten Bezirck gebühre. (s. Josten, S. 87)

Speyer ist von 1527–1693 Sitz des Reichskammergerichts. Für Grimmelshausens Urteil ist nicht die Mundart der Region, sondern die dauernde Ansammlung vieler Gelehrten und deren reduzierter Kontakt mit dem dialektalen Alltagsdeutsch ausschlaggebend. Das gelte etwa nicht für Straßburg oder Leipzig, Marburg, Regensburg u. a. m. Es ergibt sich also ein sozialschichtlicher Ansatz.

Joh. H. Meichssner folgert in seinem Orthographie- und Grammatik-‚Handbůchlin', Tübingen 1567:

> Vnnd dwyl in allen teutschen landen / an keiner ort / die Sprach so reyn / das nit etwas missbruchs darinen gefunden werd / so ist zu raten / das man gůter exemplar warneme / wie man deren yetzo vil im truck findt. (s. Josten, S. 99)

Die Belege Jostens im Kapitel „Personales Autoritätsprinzip" (S. 103-130) betreffen besonders und im 17. Jh. weiter zunehmend Luther, auch unter Einbeziehung der katholischen Reaktionen auf ihn und auf sein Bibeldeutsch, sodann das Ansehen und Vorbild der Opitz-Sprache. Im Kapitel „Soziales Autoritätsprinzip" (S. 131-142) wird auf das Vorbild von Büchern, Drucken und ‚besten Scribenten' hingewiesen, in der Regel eher allgemein als spezifisch. Schließlich werden im Kapitel „Institutionales Autoritätsprinzip" (S. 143-167) Kanzleien, Reichsabschiede, Kanzleisprache-Kritik und Sprache des Hofes in den Belegen beurteilt.

Für die soeben genannten Kapitel sollen aus Raumgründen hier keine weiteren Belege angeführt werden, auf das Luther-Echo im Schrifttum ist ja schon an früherer Stelle aufmerksam gemacht worden.

Einer Erwähnung und knappen Erläuterung bedarf allerdings noch das Kapitel „sprachimmanente Argumentation" (S. 169-210).

Die Äußerungen über eine vorbildliche deutsche Sprache in allen vorrangehenden Kapiteln bei Josten haben bei aller Verschiedenheit eine gemeinsame Grundlage: Sie gehen alle von einem je bestehenden Sprachgebrauch als Norm aus. Die sprachimmanente Argumentation setzt ganz anders an, sie postuliert eine immanente Grundrichtigkeit der Sprache. Es gilt dem per se schwankenden Sprachgebrauch eine sichere sprachimmant begründete und regulierte Sprachnorm entgegenzustellen. Die gewinnt man durch analogischen Vergleich der vorhandenen Gebrauchsformen (etwa Dialekten, Landschaftsidiomen) einer Sprache. Es stehen sich also Analogie (Vergleichsnorm) und Anomalie (Gebrauchsnorm) gegenüber, ein Gegensatzpaar, das schon in der Antike diskutiert wurde (s. Josten, S. 211f.). In der ‚Fruchtbringenden Gesellschaft', der ältesten, 1617 gegründeten deutschen Sprachgesellschaft, vertraten Schottel und Harsdörffer die Analogie-Position, Gueintz und Fürst Ludwig die Anomalie-Position.

Christian Gueintz reagierte auf Schottels Thesen und Angriffe 1646 so:

> *Alles nach einer Regel machen, ist alles eines haben wollen, das doch auch in der Seele der Menschen nicht ist* [...] *Sprachen können wir auch nicht machen, sie sindt schon. Aber wie man andere, so sie nicht können, lehren wolle, darümb sind Regeln erdacht(!)* [...] *der Gebrauch aber doch muß den anschlag* [Anstoß] *geben, vndt nicht die Regel dem Gebrauch, wieder aller Sprachen art, vorgezogen, weil die Regeln aus dem Gebrauch.* (s. Josten, S. 181)

Dirk Josten hat in geschickter Art und mit gebotener Vorsicht die Fülle seiner Belege in zwei kompakten Tabellen präsentiert, die eine gute, rasche Tendenzübersicht erlauben (S. 219/220). Vorangestellt finden sich vier Seiten (S. 215-218) hilfreich vertiefender Kommentare. Ich gebe hier, eingerückt, die Seiten 215-218 Jostens als Zitat wieder, weil sie sehr prägnant informieren.

> TABELLARISCHE ÜBERSICHTEN (Josten, S. 215)
>
> Die nachstehenden Tabellen geben einen Überblick über die quantitativen Verteilungen der gefundenen Normthesen hinsichtlich verschiedener Fragestellungen.
>
> Berücksichtigung erhielten die Normthesen selbst, ihre zeitliche Verteilung in Fünfzig- (bzw. Hundert-) Jahresschnitten, ihre Verteilung nach der sprachlandschaftlichen Herkunft der Zitatautoren, schließlich die (mögliche) sprachlandschaftliche Zielbestimmung der Normthesen. Ohne Berücksichtigung in den Übersichten blieben folgende, zur Interpretation der Tabellen wichtige Verhältnisse:
>
> a) Alleinnennungen: Mehrfachnennungen (versch. Thesen eines Autors). Alleinnennungen von Normthesen zeigen sich in weit überwiegender Anzahl im 16. Jahrhundert. Im 17. Jahrhundert wird in der Regel eine Reihe von Sprachvorbildern gleichberechtigt oder in bestimmter Rangfolge genannt. Jede Einzelthese verliert bei diesen Mehrfachnennungen an Verbindlichkeit. Eine Sonderstellung in dieser Hinsicht nehmen Äußerungen ein, die offensichtlich eine Kompetenzaufteilung zwischen verschiedenen Sprachmustern empfehlen. So werden von einigen Autoren die Reichsabschiede bzw. die Kanzleisprache für den weltlichen und die Luthersprache für den religiösen Bereich vorbildlich genannt. Wahrscheinlich ist eine ähnliche Aufteilung bei dem parallelen Vorbild von Kanzleisprache und Sprache des Hofes (geschriebene Sprache – gesprochene Sprache)

impliziert. Die sprachimmanent argumentierenden Autoren nennen die verschiedenen Sprachvorbilder meist in der Art sekundärer Normempfehlungen (Ersatznorm). Bis zu einer endgültigen, durch die Grammatiker (und nicht durch göttlich inspirierte Autoren oder Dichter oder sprachlandschaftliches Selbstverständnis) festgestellten Sprachnorm bleiben diese Sprachformen als konkrete Muster (z. B. in der Schule) gültig.

b) Sprachbezogene Schriften: Nicht-sprachbezogene Schriften. Während man im 16. Jahrhundert Normzitate fast ausschließlich in nicht-sprachbezogenen Schriften (religiöse Schriften, Einleitungen zu Dichtungen, Übersetzungen, etc.) findet, äußert man sich im 17. Jahrhundert meist in sprachbezogenen Schriften zu Fragen der Normverbindlichkeit. (Die Äußerungen zum „Meißnischen Deutsch" findet man im 16. Jahrhundert in 22 Nicht-Sprachschriften und nur in 4 Sprachschriften. Im 17. Jahrhundert stehen 40 Sprachschriften 10 anderen Schriften gegenüber.)

c) Protestanten: Katholiken. Die konfessionelle Zugehörigkeit der zitierten Autoren hat offensichtlich nur für die Lutherthese Bedeutung. Grundsätzlich kann gesagt werden, daß sich die katholischen Autoren kaum in die Normdiskussion der Zeit einschalten. Zudem wird die Sprache der gebildeten Katholiken erheblich stärker als die der Protestanten z.T. das Latein gewesen sein.

d) Schichtenspezifik der vorbildlichen Sprache. Aussagen zum sozialen Standort der vorbildhaften Sprache findet man in der zeitgenössischen Diskussion relativ selten. Wo die Aussagen eine Differenzierung zulassen, wird durchweg die Sprache der unteren sozialen Schichten abgelehnt, während die Sprache der oberen Mittelschicht und Oberschicht als vorbildlich erachtet wird.

Obschon die Zahlenangaben in den Übersichten keinen absoluten Maßstab für die Normäußerungen geben können, da sich durch weitere Nachforschungen mit Sicherheit weiter Hinweise ergäben, können sie gleichwohl einen Eindruck vermitteln vom Auftreten und Abklingen, von Schwerpunkten und Dominanzen der verschiedenen Normvorstellungen.

Zur Tabelle I :

Luthersprache, Meißnisches Deutsch und Kanzleisprache sind die eindeutig dominierenden Sprachvorbilder im 16. und 17. Jahrhundert. Im Abstand folgen die Sprachmuster der „besten Autoren" und ausgewählter Bücher, dann die sprachimmanenten Argumentationen.

Weitgehend auf das 16. Jahrhundert beschränkt bleibt das Ansehen der verschiedenen oberdeutschen (und westmitteldeutschen) Dialekte. Seit der Mitte des 16. Jahrhunderts werden sie (bes. das Bayrische) nicht selten auch negativ bewertet. Ausgenommen von dieser Beurteilung und zeitlichen Beschränkung bleiben die verschiedenen oberdeutschen und westmitteldeutschen Städte, denen man direkt oder mittelbar (Druckorte, Reichskammergericht/ Speyer) eine vorbildliche Sprache zugesteht.

Im Gegensatz zur Beurteilung der Dialekte des ober- und westmitteldeutschen Raumes wird der meißnische Normanspruch im 17. Jahrhundert zwar auch nicht selten zurückgewiesen; gleichwohl wird das Ansehen des „Meißnischen Deutsch" als besonders guter deutscher Sprache letztlich kaum in Frage gestellt. Eine gleiche Beobachtung gilt für das Schlesische.

Das Sprachmuster „gemein Teutsch" (auf die terminologische Uneinheitlichkeit der von mir aufgeführten Normthesen sei nochmals hingewiesen) bleibt im wesentlichen ebenso auf das (ausgehende 15. und) 16. Jahrhundert beschränkt wie das herausgehobene Sprachvorbild der „kayserlichen Kanzlei", das allerdings im 17. Jahrhundert nicht selten noch in stereotypen Wendungen in Verbindung mit anderen vorbildlichen Kanzleien genannt wird.

Ganz auf das 17. Jahrhundert beschränkt bleiben die Äußerungen zu einer vorbildlichen Sprache der Reichsabschiede, des Reichskammergerichts (eine Ausnahme), ferner Hinweise auf das Ansehen des Schlesischen und der Opitz- Sprache.

Normthesen nach zeitlicher Verteilung und Frequenz (Tabelle I).

Normthesen	Ende 15 Jh	1525	1550	1575	1600	1625	1650	1675	Bemerkungen	Sa.
Meißnisch	-------	6		20		23		27	seit dem 17. Jh. nur noch Städte dies. Sprachräume vorbildlich	76
Schwäbisch			9							12
Alemannisch	-------	11		4			- -	1		16
Bayr./Österr.	-------	5		5						15
Fränkisch			6							7
Schlesisch					14					14
Gemein Teutsch	-------	26		9		4	2		uneinheitl. Terminol.	40
Hdt. im ndd. Raum		7		8		9	4			28
Meißn." " "		4		7		4	-1		oft synonym für hdt.	16
Gegen Dialekte		-2-		-2-		-1-		13		18
Luther		-14		16		16	30			76
Opitz				14			20		Auswahl	20
Bücher/Autoren						16	22			52
Schulen/Univers.							4			4
Kanzleien		13		9		20	30		im 17. Jh. in stereotyp.	72
Kaiserl. Kanzlei				7		2	6			15
Reichsabschiede							16			16
Hof/höf. Sprache				8		8	13			29
Gerichte/Reichs-kammer-Ger.						6	6			12
Sprachimman. Arg.		6		2		3	23			34
Orthograph. Norm			7			15	9			31

omd=ostmitteldeutsch; wmd=westmitteldeutsch, obd=oberdeutsch; ndd=niederdeutsch; hdt=hochdeutsch
Zahlen geben die Häufigkeit innerhalb der gekennzeichneten Zeiträume an.

aus: Josten 1976, S. 219

Zur Tabelle II :

Gemessen an den Äußerungen zur Sprachnorm fällt die insgesamt (d. h. für beide Jahrhunderte) starke Stellung der ostmitteldeutschen Zitatautoren auf. Dagegen treten die oberdeutschen schwächer und die niederdeutschen Autoren stark zurück. Der westmitteldeutsche Raum ist nur schwach vertreten. Differenziert man in zeitlicher Hinsicht, so zeigt sich, daß die Dominanz des ostmitteldeutschen Raumes durch das starke Übergewicht im 17. Jahrhundert begründet ist. Im 16. Jahrhundert stellen die oberdeutschen Autoren die stärkste Gruppe.

Trotz der gebotenen Vorsicht, mit der man die hier gegebenen Zahlen und Verteilungen für jede über den Rahmen des Quellenmaterials hinausgehende Interpretation betrachten muß, sollte es erlaubt sein, auch hier ein Indiz für die Verschiebung des kulturellen Schwerpunktes aus dem Süden in den ostmitteldeutschen Raum zu sehen.

- Ostmitteldeutsche Autoren nennen im 16. Jahrhundert vorwiegend das Sprachvorbild Luthers und des Meißnischen, seltener das der Kanzlei. Eben diese Sprachvorbilder dominieren auch im 17. Jahrhundert; hinzu kommt das oft formal und stereotyp wirkende Vorbild der besten Autoren (Bücher) und die stark aufkommende sprachimmanente Argumentation.

- Im westmitteldeutschen Raum fällt der relativ große Anteil der These zum Vorbild der Luthersprache, Kanzleisprache und zu dem der besten Autoren und Bücher in beiden Jahrhunderten auf.

- Die Autoren des niederdeutschen Raumes nennen dominant das Vorbild Meißens im 16. und verstärkt im 17. Jahrhundert. Im 17. Jahrhundert hebt man zudem die Sprache der Kanzlei, Luthers und der Musterschriften und besten Autoren heraus. Stark vertreten ist auch die sprachimmanente Argumentation.

- Die oberdeutschen Autoren nennen im 16. Jahrhundert vor allem das Sprachvorbild der Kanzleien, der besten Autoren (Bücher), aber auch die Luthersprache (wenn auch oft in ärgerlicher Abwehr ihres Ansehens) und das Meißnische (als vorgefundene Norm Luthers ohne Bewertung). Im 17. Jahrhundert werden dieselben Sprachvorbilder genannt, wenn auch erheblich seltener das Meißnische und die Luthersprache. Ein Schwerpunkt entsteht in der sprachimmanenten Argumentation.

Sieht man auf eine mögliche sprachlandschaftliche Zielrichtung der Normthesen, so ist auf eine Schwerpunktbildung im ostmitteldeutschen Raum hinzuweisen. Meißnisches Deutsch, Luthersprache, schlesischer Dialekt und Opitz-Sprache deuten auf das herausragende Ansehen dieses Sprachraumes in beiden Jahrhunderten.

In deutlichem Abstand folgen oberdeutsche und westmitteldeutsche Zielräume. Auf den oberdeutschen Raum weisen die Sprachmuster der kaiserlichen Kanzlei, des kaiserlichen Hofes, daneben die weitgehend auf das 16. Jahrhundert beschränkten Äußerungen zur Vorbildlichkeit verschiedener oberdeutscher Dialekte. Ob das „gemeine Teutsch" als Kennzeichnung einer oberdeutschen Gemeinsprache hier genannt werden darf, scheint mehr als zweifelhaft, wenn auch meist oberdeutsche Autoren diese These vertreten. Selbst eine durch diesen Terminus gekennzeichnete Gemeinsprache des oberdeutschen und ostmitteldeutschen Sprachgebietes scheint nur in vereinzelten Äußerungen möglich. In fast allen Äußerungen zum „gemein Teutsch" ist eine sprachlandschaftlich nicht spezifische Deutung wahrscheinlich.

- Auf den westmitteldeutschen Raum deuten die angesehenen ‚Sprachen' des Reichskammergerichts, der Mainzer- und Frankfurter Kanzlei und der Reichsabschiede (gedruckt bei Schöffer in Mainz).

Die vorbildlich genannte Sprache verschiedener Bücher und angesehener Autoren, ferner die von Kanzleien und Gerichten weist ebensowenig auf eine bestimmte Sprachlandschaft wie die sprachimmanente Argumentation. (Ende S. 218)

Normthesen nach Autorenherkunft aufgeschlüsselt (Tabelle II)

Sprachlandschaft	omd 16 Jh	omd 17 Jh	omd Sa	wmd 16 Jh	wmd 17 Jh	wmd Sa	obd 16 Jh	obd 17 Jh	obd Sa	ndd 16 Jh	ndd 17 Jh	ndd Sa	Z.R.	Bemerkungen
Meißnisch	6	25	31	1	1	2	9	5	14	8	19	27	omd	seit E. 15. Jh.; im 17. Jh. meist obd./wmd. Orte gen.
Schwäbisch	2		2		2	2	7	2	9				obd	
Alemannisch	1		1				14	1	15				obd	
Bayr./Österr.	1	2	3				8	4	12				obd	
Fränkisch	1		1	2	1	3	3		3				obd/wmd	
Schlesisch	9		9					3	3	2		2	omd	
Gemein Teutsch	(Terminologie uneinheitlich; meist obd. Autoren)												?	
Gegen Dialekte	1	6	7		2	2	2	3	5	1	3	4	–	

Sprachautoritäten	16 Jh	17 Jh	Sa	16 Jh	17 Jh	Sa	16 Jh	17 Jh	Sa	16 Jh	17 Jh	Sa	Bemerkungen	Z.R.
Luther	12	30	42	4	2	6	13	7	20	1	8	9		omd
Opitz		10	10					2	2		7	7	Auswahl	omd
Bücher/Autoren	3	17	20	3	4	7	8	9	17		8	8		obd/wmd
Kanzleien	4	25	29	5	2	7	10	13	23	1	10	11	kaiserl. K., Reichsabsch.	obd
Hof/höf. Sprache	1	3	4		2	2	1	4	5		1	1	Kaiserl. Hof.	wmd
Reichskammerger.				1		1		5	5					

Sprachimman.Argum	16 Jh	17 Jh	Sa	16 Jh	17 Jh	Sa	16 Jh	17 Jh	Sa	16 Jh	17 Jh	Sa	Bemerkungen	Z.R.
Analogie/Anomalie	2	12	14	1	3	4	4	3	7	1	8	9		–
Orthographie-Disk.	2	9	11	1	1	2	4	6	10		6	6		–

ZR. =Zielraum

aus: Josten 1976, S. 220

Mit einem abschließenden Blick auf die beiden Tabellen können wir rasch wichtige Linien einer sich andeutenden Entwicklung erkennen.

Tabelle I: ‚Meißnisch' als Sprachvorbild entwickelt sich von ersten Nennungen 1600-1650 kontinuierlich zum dominanten Muster mit insgesamt 76 Textzeugen bis ca. 1700. Ziemlich parallel gilt das auch für die Vorbildnennung ‚Luthers'. Man wird wohl beides zusammenhängend verstehen müssen. Die übrigen Nennungen im 16. Jh. vermitteln einen ‚ungerichteten' Eindruck, einen Eindruck ‚föderaler' Gleichgewichtigkeit. Relativ stark ist in der ersten Hälfte des 16. Jhs die Bezeichnung ‚Gemein Teutsch', im 17. Jh. sich eher verlierend und im Übrigen inhaltlich nicht durchgehend klar festlegbar. Im 17. Jh. tritt ‚Schlesisch' auf den Plan, und die Nennung von Kanzleien nimmt weiter zu, meist ohne Spezifizierung.

Tabelle II: Hier ist auf die Autorenherkunft bezüglich der Zitate abgestellt. Der ostmitteldeutsche Raum ist am stärksten vertreten, es folgt mit einigem Abstand der oberdeutsche, schwach ist der niederdeutsche präsent. Im Quervergleich aller Landschaften und Autoritätspersonen erhalten ‚Meißnisch' mit 74 und ‚Luther' mit 71 die häufigsten Nennungen. Für ‚Meißnisch' votiert Ostmitteldeutschland allein 31x, für ‚Luther 42x. Die ‚sprach-immanente Argumentation' findet offensichtlich in allen vier Sprachregionen durch die zwei Jahrhunderte hindurch eine gewisse Beachtung.

Über die Arbeit von Dirk Josten hinaus muss hier weiterführend auf das 18. Jahrhundert verwiesen werden. Dort stößt man auf die zweite und abschließende Phase der Auseinandersetzung über die Frage: ‚Was ist Hochdeutsch?' Um die Mitte des 18. Jahrhunderts sind bedeutende Grammatiken von Gottsched und Aichinger, auch von Popowitsch und Hemmer greifbar; über Gottsched und Adelung wird die Dominanz der meißnisch-obersächsischen Kultur- und Sprachlandschaft im Dreiklang Meißnisches Deutsch, Luthersprache, Sächsische Canzlei postuliert und von Oberdeutschland aus in diesem Absolutheits-Anspruch heftig kritisiert. Da sind etwa die Namen Bodmer, Breitinger, Dornblüth, auch die einiger Schriftsteller zu nennen.

An dem Faktum aber, dass das traditionsreiche Oberdeutsch seine Bedeutung verliert und eine „Verschiebung des kulturellen Schwerpunktes aus dem Süden in den ostmitteldeutschen Raum" stattfindet bzw. bereits stattgefunden hat, wie Josten schon formuliert (S. 217), ist nichts mehr zu ändern.

VIII. Unsere Schriftsprache: Entstehungstheorien (1863/ 1884/ 1936)

Im vorangehenden Kapitel hatten Autoren des 16. und 17. Jahrhunderts das Wort, wo beste Muster der deutschen Sprache zu finden seien. Jetzt gehen wir weiter in der Zeit und befragen die Fachleute, also die Sprachhistoriker, nach den Anfängen unserer heutigen überregionalen Schriftsprache. Als der Verfasser dieses Buchs 1948 sein Germanistikstudium begann, gehörte ein Kanon von drei Entstehungstheorien zum Lehrplan. Diese sollen hier in gedrängter Form und gestützt durch anschauliche graphische Darstellung vermittelt werden. Immer zeigt sich am Schluss auch hier die Lutherspur.

1. Die These von der Kontinuität der Schriftsprache seit althochdeutscher Zeit (nach Müllenhoff 1863)

Karl Müllenhoff entwickelte diese Kontinuitätstheorie 1863.[55] Er nimmt eine kontinuierliche Entwicklung vom 9.-16. Jh. an, gebunden hauptsächlich an die kaiserlichen Machtzentren, dargestellt in fünf Etappen (s. Abb. 16).

Ausgangspunkt (1. Kreis) sei der Hof Karls des Großen auf rheinfränkischer Sprachgrundlage. Es folgen die staufische Etappe (2. Kreis), die kaiserliche Kanzlei Prag (3. Kreis), schließlich Wien (4. Kreis) und dann der Übergang zur sächsischen Kanzlei und zu Luther (5. Kreis). Die Entwicklung sei also hauptsächlich an die kaiserlichen Machtzentren gebunden, ausgenommen das 5. Stadium, das aus den historischen Gegebenheiten der Reformation heraus die Durchsetzung der Schriftsprache bewirkte.

Dieses Erklärungsmodell ist letztlich nicht akzeptiert worden. Hauptkritikpunkte sind der Widerstreit zwischen Kontinuitätsidee und Polyzentrismus deutscher Geschichte sowie Zweifel an den Möglichkeiten schriftsprachlicher Einigung unter den Bedingungen des Mittelalters.

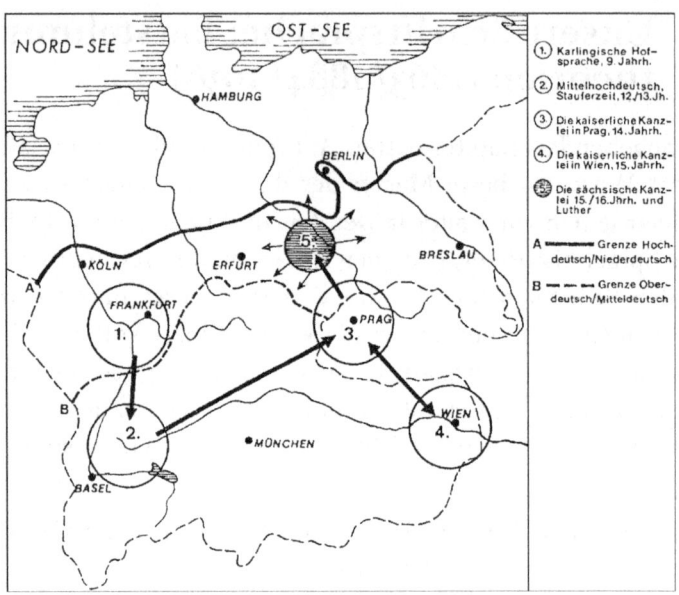

Abb. 16: *Die Theorie von der Kontinuität der Schriftsprache seit althochdeutscher Zeit (nach Müllenhoff 1863).*

2. Die Prag-These

Konrad Burdach[56] lehnt ca. 20 Jahre nach Müllenhoff den Kontinuitätsgedanken ab. Für ihn ist unsere Schriftsprache eine neue Schöpfung, unter einmaligen kulturellen Bedingungen entstanden im kaiserlichen Prag Karls IV. in der Zeit nach 1350. Frühhumanismus und kaiserliche Kanzlei stehen in enger Wechselwirkung; der Kanzler des Kaisers, Johann Neumarkt, gehört selbst dem Humanistenkreis am Hofe an und wirkt regulierend vor allem im Bereich von Syntax und Stil. Das humanistische Kanzleideutsch erweise sich als eine Sprache der Bildung und des höheren Lebens und könne die Funktion einer Schrift- und Kultursprache übernehmen. Es liege keine bestimmte Mundart zugrunde, denn eine Mundart könne sich kaum zu einer Kultursprache erheben. Die Ausbreitung des neuen Deutsch erfolge rasch, es erfahre seine endgültige Durchsetzung durch die kursächsische Kanzlei und Luther (s. Abb. 17).

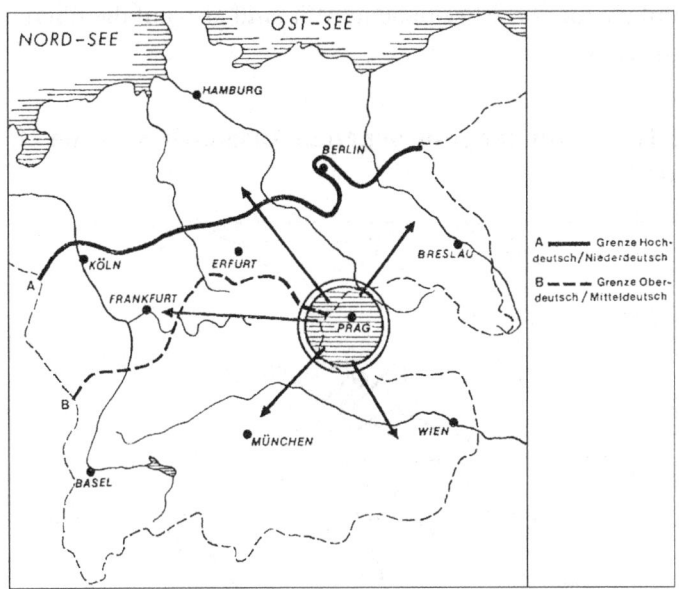

Abb. 17: *Die neuhochdeutsche Schriftsprache als Werk der Humanisten in Prag, 14. Jahrhundert, zweite Hälfte (Theorie von K. Burdach).*

Wir wissen heute, dass Burdach die Einheitlichkeit des Prager Kanzleideutsch weit überschätzt hat, wie auch den prägenden Anteil der Humanisten. Unbestritten bleibt, dass in der Prager Kanzlei ein beachtlicher schreibsprachlicher Ausgleich greifbar wird, der sich zu einem guten Teil aus der überregionalen Zusammensetzung des Kanzleipersonals erklären lässt, wenn auch nicht allein. Prag kann wohl als ein interessantes Vorspiel schreibsprachlicher Annäherung gelten, aber eben als ein Vorspiel, nicht als Hauptstück. Letzteres wurde erst knapp 200 Jahre später inszeniert unter historisch unvergleichlich günstigeren Bedingungen. Burdach hielt sich bei seinen Forschungen ganz an die überlieferten Texte, an die Schriftlichkeit. Das wurde später kritisiert, als man den Zugang von der gesprochenen Volkssprache her suchte. Heute stehen wir Burdach wieder näher, denn, wie es scheint, vollziehen sich die Ausgleichsbewegungen vornehmlich auf der Schreibebene. Wir sind also auf die überlieferten Texte verwiesen.

3. Die These von der gesprochenen Ausgleichssprache Theodor Frings'

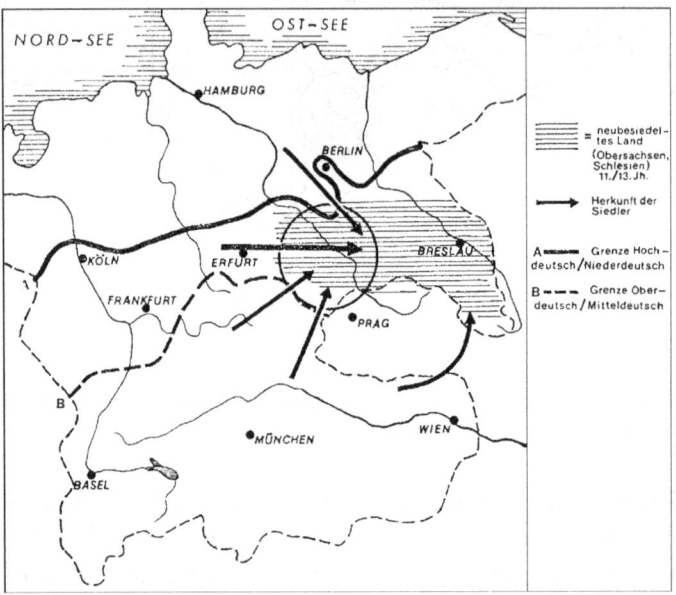

Abb. 18: Die neuhochdeutsche Schriftsprache als gesprochene Ausgleichssprache im ostmitteldeutschen Siedlungsgebiet (Theorie von Th. Frings).

Theodor Frings, gestützt auch von Ernst Schwarz, geht von der gesprochenen Volkssprache aus.[57] Im mitteldeutschen Osten treffen im 11. bis 13. Jahrhundert Siedler aus nord-, mittel- und süddeutschen Gebieten aufeinander (s. Abb. 18). Der Zwang zur Verständigung führe zu einer Art kolonialer Ausgleichssprache, die dann Grundlage der dortigen Geschäfts- und Schreibsprache werde. Damit sei die Grundlage der neuhochdeutschen Schriftsprache geschaffen, lange vor dem Humanismus in Prag, lange vor Luther. Obersachsen kann als die Modell-Landschaft für die sprachliche Einigung der Deutschen gelten. Es führe ein klarer, überschaubarer Weg von der Sprache der Siedler zur Sprache der Schreiber, zu Luther und zur neuhochdeutschen Schriftsprache. Gegen Burdach wird betont, dass der Weg von unten nach oben führe, nicht umgekehrt.

Theodor Frings war ein Meister der klaren, z. T. auch zuspitzenden Formulierung. Fairerweise muss man aber sagen, dass er z. B. in späteren Jahren den schreibsprachlichen Ausgleichsvorgängen weit mehr Gewicht beimaß, als dies in seiner Schrift von 1936 ersichtlich ist. Dass er den mitteldeutschen Osten so in den Mittelpunkt rückt, ist sein Verdienst. Über den zeitlichen Ansatz und über diverse Vernetzungen im Ablauf des schreibsprachlichen Ausgleichs haben wir heute genauere Kenntnisse. Das ist in dem einen oder anderen Kapitel bisher schon angeklungen und wird in Kapitel X mit dem Versuch einer Skizze des Gesamtablaufs deutlich greifbar werden.

Blicken wir kurz auf die drei Erklärungsmodelle zurück. Es ergeben sich einige Folgerungen, aus denen sich u. a. auch Fragen für die weitere Forschung nach 1950 bis heute herauskristallisierten.

(1.) Bei allen Theorien wird die Entstehungszeit einer Art von Gemeinsprachlichkeit in das Mittelalter gerückt. Entspricht das den historischen Vorgängen? Neuere Erkenntnisse gehen in die Richtung, dass dieser Ansatz zeitlich absolut verfrüht ist.

(2.) Alle drei Erklärungsmodelle heben unterschiedliche Orte oder Landschaften als dominierend hervor. Das bedeutet zunächst eine gegenseitige Relativierung. Es stellt sich die Frage, ob das polyzentrische deutsche Sprachgebiet überhaupt das Denkmodell einer irgendwie gearteten ‚punktuellen' Entstehung unserer Schriftsprache zulässt.

(3.) Von ganz erheblicher Bedeutung, sowohl faktisch als auch methodisch, ist die Frage, ob am Anfang ein primär sprechsprachlicher oder primär schreibsprachlicher Ausgleich steht bzw. stehen kann. Oder soll/ muss man von einem ‚Sowohl-als-auch' ausgehen? – Heutige Einsicht wird dem schreibsprachlichen Ausgleich die Hauptrolle zugestehen, ohne die sprechsprachliche Seite ganz auszuschließen.

(4.) Schließlich wird Martin Luther in allen drei Modellen eine Rolle zugedacht. Welche ist dies genau? Ist er nur glücklicher Erbe? Was findet er vor, was bewirkt er selbst?

Das hier vorliegende Buch ist alles in allem der Versuch, genau diese Fragen nach Luthers Rolle in der deutschen Sprachgeschichte zu beantworten.

IX. Vom Mittelhochdeutschen zum Neuhochdeutschen (15.-18. Jahrhundert):
Übergänge in den Schreibsprachen der Regionen. Textkorpora als Dokumentation der sprachlichen Abläufe in Zeit und Raum

Mit diesem Kapitel wendet sich der Blick bewusst ab von Luther und von der Rezeption und Auswirkung seines Bibeldeutsch. In den Mittelpunkt soll die allgemeine schreibsprachliche Entwicklung vom 15. bis in das 18. Jahrhundert auf dem gesamten *hochdeutschen* Sprachgebiet treten. Schreibsprache bezeichnet alle deutschsprachigen Texte vor der Existenz einer (überregionalen) Schriftsprache, also etwa vor 1750 (vgl. Anm. 3). Das *hochdeutsche* Sprachgebiet umfasst *mitteldeutsch* und *oberdeutsch*, schließt aber das *niederdeutsche* Gebiet aus, das ja im 17./ 18. Jh. seine eigene Schreibsprache aufgibt und zum Hochdeutschen übergeht.

Die schreibsprachlichen Entwicklungen in den Regionen zeigen bis etwa Mitte des 16. Jhs noch beachtliche Reflexe ihrer mundartlichen Basislandschaften, zunehmend aber dann, zeitlich unterschiedlich, Einflüsse bedeutender Kanzleisprachen und immer umfassender dann auch die Grundzüge der neuhochdeutschen Schriftsprache. Diese wiederum sind ohne ostmitteldeutsche Beteiligung nicht beschreibbar. So schließt sich am Ende doch wieder in gewisser Weise der Kreis zu Wittenberg und zu Luther. Mit jedem Schritt zur Überregionalität verlieren die Schreibsprachen immer mehr ihre gesprochensprachliche ‚Bodenhaftung'. Schriftsprache und Mundarten treten endgültig auseinander. In den Mundarten werden die großregionalen Regelansätze, etwa in der Flexionsmorphologie, auch in der Wortbildung, vielfach beibehalten, in der Schriftsprache wird in Ummischungen Älteres und Neueres zusammengeführt und (durch Spracharbeit) als überregionale Regel gesetzt. Im vorliegenden Kapitel werden einige Teilregeln schreibsprachlicher Ausprägung aufgezeigt und vergleichsweise in Beziehung zu den Normsetzungen in der Schriftsprache gesetzt.

Das Textkorpus-Prinzip hat seit den 1960er-Jahren die Forschung entscheidend vorangebracht. Wir stehen heute, verglichen mit den Bemühungen früherer Generationen, auf einem wesentlich sichereren Boden. Textkorpora gestatten nämlich – anders als punktuelle Untersuchungen – den Vergleich von Arealen, von unterschiedlichen Zeitschnitten, von Textsorten, je nach Zuschnitt des Korpusdesigns. Solchen Untersuchungen gilt hier ein besonderes Augenmerk; es werden aber auch anderswie förderliche Arbeiten einbezogen. Vollständigkeit in der Berichterstattung ist nicht das Ziel, es geht insbesondere darum, einem größeren Interessentenkreis die Zugriffsmöglichkeiten sprachhistorischer Forschung näherzubringen. Erst sollen landschafts- und zeitübergreifende Textkorpora und darauf gründende Arbeiten vorgestellt werden, danach folgen Hinweise auf anderswie wichtige und ergiebige Arbeiten, schließlich Beispiele für Teilsystematisierungen schreibsprachlicher Art im Übergang vom Mittelhochdeutschen zum Neuhochdeutschen.

Anfang der 1970er-Jahre wurden an der Universität Bonn und am Zentralinstitut für Sprachwissenschaft der Akademie der Wissenschaften der DDR in Berlin fast gleichzeitig, aber ohne die Möglichkeit einer Absprache in den Zeiten des ‚Kalten Krieges', übergreifende Textkorpora aufgebaut. Das BONNER KORPUS umfasst ca. 1.500 Texte tendenziell aller Textsorten (Bibel ausgenommen) mit wichtigen Überlieferungsdaten (Datierung, Lokalisierung, Produzenten, Überlieferungsform, Editionsqualität bei edierten Texten, u. a. m.) aus dem hochdeutschen Sprachgebiet von ca. 1350 bis 1700, z. T. auch in das 18. Jh. ausgreifend und auch hochdeutsche Texte aus dem niederdeutschen Gebiet einbeziehend.[58] Das erste Ziel einer längeren Auswertungsphase war die genaue Beschreibung der sich in frühneuhochdeutscher Zeit abzeichnenden neuen Teilregelungen der Flexionsmorphologie aller flektierenden Wortarten. Es erschienen in den 1980er-Jahren vier solcher Grammatikbände.[59]

Aus dem BONNER KORPUS wurde für die obigen Flexionsbände ein Grundkorpus von 40 Texten ausgewählt und maschinell gespeichert. Dieses Grundkorpus repräsentiert zehn größere Sprachareale zusammengesetzt aus 22 kleineren Arealen; nach 50er Jahresabschnitten eingeteilt in sieben Zeiträume (1350-1700). In den Grammatikbänden sind in der Regel die Zeiträume I, III, V, VII, also jeweils die 2. Hälfte jedes Jahrhunderts, behandelt.

Auf der Basis dieses Grundkorpus, ergänzt je nach Beleglage, ist schon 1984 eine Arbeit über die Umstrukturierung der starken Verben im Frühneuhochdeutschen erschienen[60]; auf dieser Basis gründet auch eine Monographie, die die Wortbildung im Frühneuhochdeutschen in Angriff nimmt.[61] Die bisher angeführten Grundlagenbände vermitteln zum ersten Mal tragfähige Grundlagen für eine Geschichte der schriftsprachlichen Standardisierung im Bereich der Flexion unter Einbeziehung zeitlicher, landschaftlicher und sprachstruktureller Parameter. Das eine oder andere Beispiel kommt später noch zur Sprache.

Das BERLINER KORPUS wurde erstmals samt ersten Auswertungen von Joachim Schildt, Gerhard Kettmann, Joachim Dückert und Klaus Müller (1974) vorgestellt. Eine knappe Skizzierung findet sich auch in Band II der Unterreihe: „Zur Ausbildung der Norm der deutschen Literatursprache auf der syntaktischen Ebene (1470-1730)."[62] Es handelt sich um etwa 350 Quellen aller wichtigeren Gattungen aus sieben Großlandschaften, stark ausgerichtet auf zwei Untersuchungszeiträume, nämlich 1470-1530 und 1670-1730. Insgesamt liegen sechs Auswertungsbände unter dem oben genannten Reihentitel vor. Das aufgestellte Textkorpus wird in diesen Bänden aber recht unterschiedlich und in einem Fall (Bd. IV) überhaupt nicht benutzt. Die Titel der ca. 350 Korpustexte sind in Band II (1976, 321-339) publiziert, nicht jedoch die genauen Kriterien der Auswahl. Thematisch beziehen sich die Untersuchungen auf Teilbereiche der Syntax, des Wortschatzes, der Wortbildung und der Verbgrammatik. Die Einzelergebnisse können hier nicht referiert werden. Eine erste Zusammenschau lässt aber ahnen, welch unterschiedlichen Strukturierungsfaktoren die Normierungsprozesse in den verschiedenen Teilbereichen unterliegen. Das sind nicht nur die Faktoren Landschaft und Gattung, sondern vielfach auch sprachstrukturelle Ansatzmuster, die die weitere Entwicklung bestimmen. Für die Entwicklung des Einfachsatzes etwa scheint der Textgattungseinfluss weit vor dem Landschaftseinfluss zu stehen. Die Summierung der Einzelangaben (für den Zeitraum 1470-1530) ergebe aber, „[...] daß weiterhin das Ostmitteldeutsche den Typ der entwicklungsgeschichtlich zur nhd. Norm vorangehenden Landschaft verkörpert [...]" (vgl. Bd. I, S. 514).

Der lexikalische Ausgleich schien demgegenüber breiter angelegt zu sein.

> Zusammenfassend läßt sich sagen, daß nach unseren Ergebnissen nicht eine Landschaft allein, z. B. das Ostmitteldeutsche, die überragende Rolle bei den Ausgleichsprozessen gespielt hat, sondern daß verschiedene Landschaften – auf Grund bestimmter (ökonomischer, politischer) Voraussetzungen – wirksam geworden sind, daß aber dem Ostmitteldeutschen, auf Grund seiner zentralen Lage und seiner Eigenart als Mischlandschaft, eine bedeutende sprachliche Mittlerrolle nicht abgesprochen werden kann. (Bd. II, S. 315)

Im Bereich der Tempus- und Modusentwicklung sind die Dinge auf andere Weise kompliziert und insgesamt stärker durch Gattung und Struktur bestimmt (Bd. V, S. 110f. und S. 263f.). Für die Einordnung der Einzelergebnisse in die sprachgeschichtlichen Abläufe ist der von Schildt 1992 herausgegebene Band hilfreich.[63]

Insgesamt, muss man sagen, hat die Sprachgeschichtsforschung in der DDR-Zeit trotz widriger Umstände eine Blütezeit erlebt, ohne Zweifel angestoßen und lange beeinflusst von der Forscherpersönlichkeit eines Theodor Frings', weiterwirkend über seine Schüler. Die respektable Reihe „Bausteine zur Sprachgeschichte des Neuhochdeutschen", 1964 mit dem ersten Teil der wichtigen Monographie von M. M. Guchmann begonnen, zählte bis 1992 67 Bände. Bentzinger vermittelt 1993 einen Überblick über Fragestellungen, Methoden und Ergebnisse dieser stattlichen Reihe.[64]

Textkorpusarbeit gilt auch schon etwas früher für die drei wegweisenden Monographien zur Entstehung der deutschen ‚Literatursprache' (= Nhd. Schriftsprache) von M. M. Guchmann, 1964, 1969 und 1974 aus dem Russischen übersetzt. Für den Band von 1974 liegen z. B. ca. 150 Flugschriften zugrunde, ausgewählt nach den Kriterien Gattung, Stil, landschaftliche Zugehörigkeit, sozial-politischer Inhalt. Die Wahl dieser Textgattung sowie die zeitliche Festlegung auf die erste Hälfte des 16. Jhs ist wichtig für die allmähliche Entwicklung des zukünftigen neuhochdeutschen Schrifttyps, wie auch die Ergebnisse erweisen.

Das Textkorpus-Prinzip ist zunehmend ein Postulat für zeit- und raumübergreifende Erkundung im sprachlichen Bereich geworden. Als Beispiel mit Vorbildcharakter kann in jüngerer Zeit das Bamberg-Rostock-Projekt zur Entwicklung der Großschreibung im Deutschen gelten. Rolf Bergmann und Dieter Nerius haben 1997 zwei Bände vorgelegt[65] und darin Ergebnisse präsentiert, die alle bis dato vorgelegten Untersuchungen übertreffen und dies eben nur aufgrund einer wohlüberlegten Textkorpusgrundlage in zeitlicher und räumlicher Dimension. Es sind 145 Drucke, verteilt auf sechs Großlandschaften im Zeitraum von 1500-1710, mit insgesamt acht Zeitschnitten im Abstand von je 30 Jahren (Anfang und Ende eingerechnet). Hinsichtlich der Textauswahlkriterien gab das BONNER KORPUS einige Anregungen. Die Bibeldrucktradition wurde auch hier ausgeschlossen, wohl verständlich, aber mit einiger Wahrscheinlichkeit doch ein Manko für die abschließende Beurteilung. Unabhängig von diesem Bedenken dürften als Ergebnis die genannten Zeitphasen sicher Gültigkeit haben:

Als Hauptentwicklungszeit für den Majuskelgebrauch in allen Kategorien erweist sich die Spanne von 1530-1590. Ab 1650 konzentriert er sich im lexikalischen Bereich auf die Substantive und deren vollständigere Erfassung. Das Ende der Entwicklung wird von dem Korpus (bis 1710) nicht mehr erfasst. Die Grammatiker haben an der Hauptentwicklung (1530-1590) überhaupt keinen Anteil: „Die alte Streitfrage, Priorität des Gebrauchs oder der Grammatiker, ist durch die Befunde des Untersuchungskorpus eindeutig entschieden." (Bergmann/Nerius 1997, Bd. II, S. 971). Über Landschaftsprioritäten ist in der Zusammenfassung nichts gesagt. Aus einer Anzahl von Tabellen scheint jedoch hervorzugehen, dass das Ostfränkische, Ostmitteldeutsche und das Ostoberdeutsche eher an der Spitze, das Westoberdeutsche und Westmitteldeutsche eher etwas zurück stehen. Das hat natürlich keinen originalen Sprachlandschaftsbezug, sondern ist der Entwicklung von Drucksprachkonventionen geschuldet.

Nun zurück zum BONNER KORPUS und dessen Auswertung für die Frage der Herausbildung der neuhochdeutschen Schriftsprache, für die Frage nach den Spuren Luthers in dieser Entwicklung, oder gar für die Frage der sprachlichen Eigenständigkeit des Frühneuhochdeutschen als Eigenwert dieser Epoche? Alle drei Fragen haben ihre Berechtigung, eben auch die letztere in ihrer Blickrichtung auf die sprachliche Eigendynamik im Zeitrahmen des 15.-18. Jhs. Sie bezieht sich auf geltende und auslaufende System-Ansätze aus älterer Zeit, bzw. auf System-Neuerungen in dieser Zeit, die dann später, aus welchen Gründen auch immer, nicht in die Schriftsprache einmünden. Oft sind hier die heute noch existierenden Mundarten Erben und Zeugen eigengesetzlicher Fortentwicklungen der frühneuhochdeutschen Zeit, ohne Stützung durch die spätere Schriftsprache. Weder die eine (schriftsprachliche) noch die andere (schreibsprachlich-regionale) Blickrichtung ist bisher zusammenhängend unter den Kategorien Raum und Zeit, also auf der Basis von schreibsprachlichen Textkorpora, behandelt worden.

Was die Auswertungen des BERLINER KORPUS im Wesentlichen ergeben, ist schon (in diesem Kapitel, S. 103ff.) angedeutet worden. Es zeigt sich dabei, dass die Antworten auf die gestellten Fragen, je nach Sprachbereich (Syntax, Lexikon, Flexion) im Ergebnis sehr unterschiedlich ausfallen.

Die Auswertungsbände des BONNER KORPUS beziehen sich ganz auf den Flexionsbereich, also auf Teilsysteme der flektierenden Wortarten, mit der klaren Aussage, dass die großen Schreibsprachengebiete mehr oder weniger stark einbezogen sind sowohl in die schriftsprachliche Entwicklung als auch in die mundartlichen Flexionsstrukturen. Das kann mit folgenden Beispielen verdeutlicht werden.

Die ersten beiden Beispiele (Übersichten) sind der Grammatik des Frühneuhochdeutschen, Band III (Flexion der Substantive, von Klaus-Peter Wegera: Gr.d.Frnhd. III, S. 183f.) entnommen. Sie betreffen die *e*-Apokope in den Texten des BONNER KORPUS, das ist generell der Wegfall des Endungs-*e* in Wörtern (z. B. *der Glaub, die Lieb, die Tauf* u. a. m.) speziell hier das Endungs-*e* im Nominativ und Akkusativ Plural (der Maskulina der alten *a*- und *i*-Stämme; der Feminina der *i*-Stämme) im Zeitraum 1350-1700. Die Nennung der alten Stammzugehörigkeit soll nicht irritieren, sie ist hier nur nötig, weil in den genannten Genera und Stämmen im Nom. und Akk. Plural die Endungen -*a* und -*i* jeweils zu -*e* vereinheitlicht im Mittelhochdeutschen erscheinen. Damit wird -*e* ein wichtiges Pluralflexiv im Mittelhochdeutschen. Dieser Plural-Kennzeichnung wirkt die *e*-Apokope aus dem Oberdeutschen entgegen. Das ist in der Übersicht 21: -*e*-/-ø- Verteilung: Numerus (in %), Gr.d.Frnhd. III, S. 184, hier = Abb. 19, dokumentiert.

Zur Erklärung: schraffiert ist die Tilgung (= ø), weiß = Belege mit -*e*; die römischen Zahlen links stellen die Zeiträume[66] dar. In der Senkrechtspalte links stehen abgekürzt zehn größere Sprachareale des hochdeutschen Gebietes (oberdeutsch, mitteldeutsch).

Was lässt sich in der Abb. 19 = Übersicht 21 ablesen? In Zeitraum I (1350-1400) ist die Tilgung des Plural-*e* Mittelbairisch, Ostschwäbisch, Schwäbisch weitgehend durchgeführt. Das Ostfränkische schwankt zwischen den beiden Möglichkeiten; die übrigen Landschaften sind von der *e*-Apokope offensichtlich noch nicht erfasst. In den Zeiträumen III (1450-1500) und V (1550-1600) setzt sich die *e*-Tilgung immer mehr nach Norden durch und erlangt ihre größte Ausdehnung. Zeitraum VII (1650-1700) lässt dann bereits eine erhebliche Rückentwicklung erkennen. Bemerkenswert ist, dass die ostmitteldeutschen Texte

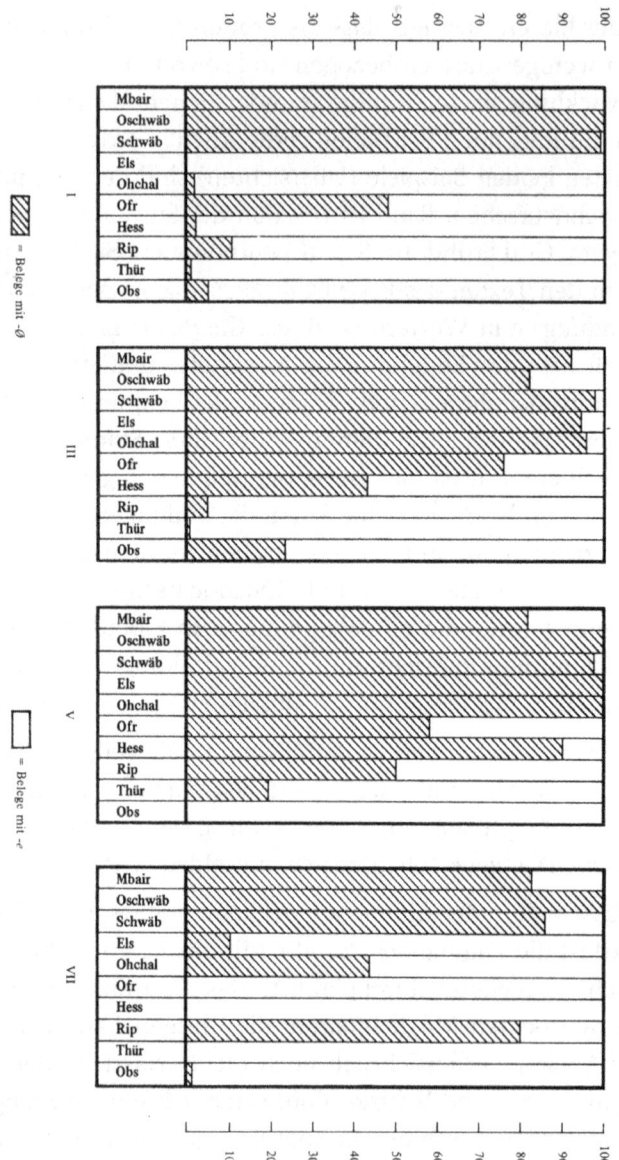

Abb. 19: -e-/-ø-Verteilung im Plural gewisser Substantive. Die Zunahme/ Rücknahme der e-Apokope im Zeitablauf (aus: Gr.d.Frnhd. III, S. 184, Übersicht 21).

(Thüringisch, Obersächsisch) in allen vier Zeiträumen ausschließlich oder überwiegend -*e*-Plural haben, in Zeitraum VII schließen sich Hessisch, Ostfränkisch und das Elsässische an. Das ist die schriftsprachliche Richtung, zugleich ostmitteldeutsches Muster und somit auch bibeldeutsche Lutherspur. Substantive, die hier angeführt werden können, sind etwa: *Tag, Berg, Geist, Leib, Hals, Helm, Stuhl, Stein* (*a*-Stämme); *Ast, Bach, Gast, Schlag, Schritt, Wurf, Wurm* (*i*-Stämme). Durch die *e*-Apokope haben sie ihr Pluralsuffix verloren, der Umlaut bei den *i*-Stämmen, sofern durchgeführt, blieb natürlich erhalten.

Die Landschaftsangaben haben folgende Reihenordnung im Raum (s. Abb. 20):

ripuarisch		thüringisch	obersächsisch	
8.		9.	10.	
	hessisch	ostfränkisch		
	7.	6.		
elsässisch	schwäbisch	ostschwäbisch	mittelbairisch	
4.	3.	2.	1.	
	osthoch-alemannisch			
	5.			

Abb. 20: *Die durch das Korpus repräsentierten Gebiete (aus: Gr.d.Frnhd. III, S. 52).*

Es ist in diesem Zusammenhang die Übersicht 22 in Abb. 21 hinzuzufügen.

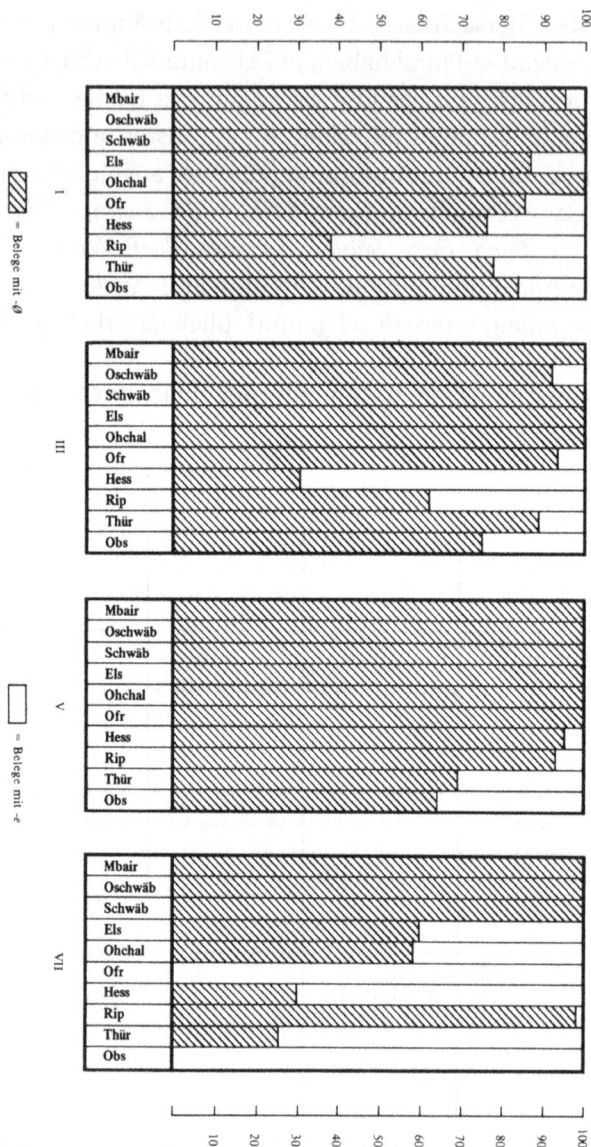

Abb. 21: -e-/-ø-Verteilung im Plural gewisser Substantive (ehemals neutraler a-Stämme ohne Pluralmarkierung (aus: Gr.d.Frnhd. III, S. 184, Übersicht 22).

In Abb. 21 geht es um Substantive (*a*-Stämme, Neutrum), die von alters her überhaupt keine Pluralmarkierung hatten, also *daz wort/diu wort; daz lant/diu lant*. Dazu gehören auch Bild, Ding, Jahr, Knie, Kreuz, Teil u. a. m. Es wird davon ausgegangen, dass im Mittelhochdeutschen im 13./ 14. Jh. schon ein Endungs-*e* als Pluralflexiv angefügt wurde infolge der Entwicklungstendenz zu einer Numerus-Differenzierung.[67] Darunter versteht man eine klare Markierung von Singular und Plural. Im Oberdeutschen hat sich seit dem 13. Jh. vom Bairischen ausgehend die *e*-Apokope soweit durchgesetzt, dass eine analoge Entwicklung zum Mittelhochdeutschen wohl weitgehend unterbunden wurde, d. h. Endungslosigkeit (schraffiert) zu notieren war. So ist das in der Übersicht von Abb. 21 geschehen. Sie zeigt die Dominanz der Apokope neben Restbeständen von erhaltenem -*e*; in Zeitraum VII findet sich aber erhaltenes Plural-*e* weitgehend im Obersächsischen, Thüringischen und Ostfränkischen, deutlich auch im Hessischen, Osthochalemannischen und Elsässischen. Der *e*-Schwund gilt dominant nur noch im Mittelbairischen, Ostschwäbischen und Ripuarischen. Der Zeitraum VII (1650-1700) signalisiert in beiden Übersichten immer schon in gewisser Weise den Trend zur Schriftsprache, eher dem mittelhochdeutschen Muster folgend, das oberdeutsche abwählend.

Nach den Detailangaben der beiden Übersichten muss die Bedeutung der *e*-Apokope nachdrücklich ins Bewusstsein gehoben werden. Was wie eine Art von bloßem Lautwandel daherkommt, noch zudem ein unbetontes *e* am Wortende betreffend, das sprechsprachlich schon irgendwie unter Schwundgefahr steht, erweist sich am Ende als ein Umstrukturierungsfaktor ersten Ranges, insbesondere für das große oberdeutsche Gebiet, dem Kernland der Apokope. Der Schwund dieses unbetonten -*e* ebnet alte Kasusmarkierungen ein, beseitigt Numerusunterschiede durch Störung der Pluralkennzeichnung, tangiert auch die Verbflexion (z. B. er sagt (Präs.) – er sagt(e) (Prät.)) sowie auch Indikativ-/ Konjunktivformen und macht substantivische Zweisilber auf -*e* konsequent zu Einsilbern. Diese Wortbeispiele ohne -*e* füllen Listen von Hunderten von Fällen und sind daher besonders auffällig. Auf sie vor allem bezieht sich denn auch vordergründig die um und nach 1750 noch einmal aufbrechende Sprachdiskussion um das richtige Hochdeutsch. Das sei hier eingeblendet, ehe wir wieder zum Flexionsbereich und damit zu den Grammatikbänden auf Textkorpusbasis zurückkehren.

Für den Benediktiner Augustin Dornblüth[68] ist die oberdeutsche e-Apokope die Regel, entsprechend ist seine Kritik an Gottscheds Bevorzugung des Obersächsischen verständlich. Jakob Hemmer[69] vermerkt 1769, dass bei seinen katholischen Landsleuten die Endungs-e „als affektiert und weibisch, ja als lutherisch" verschrien seien. Eine Monatsschrift mit dem Titel ,Der Freimüthige' fördert seit 1782 in Freiburg/Br. den Fortschritt der Schriftsprache und ruft das frühere Verhalten in den Schulen der Jesuiten bitter-ironisch in Erinnerung:

> Wenigstens waren die Schriften eines Gellerts, eines Rabeners und noch vielmehr eines Geßners selbst Schullehrern verbotene Bücher. Ja sogar Gottscheds Sprachlehre, wie uns ein Exjesuit versicherte, mußte man vor den Oberen verborgen halten. Freilich haben die Katholiken aus diesen Werken viel Gift gesogen. Wenn nichts wäre als das lutherische e, das sie sich durch Lesung derselben allmählich angewöhnten – immer schade genug! Es klang doch ehemals so genuin katholisch: die Seel, die Cron, die Sonn, die Blum usw. – und nun schreiben die unsrigen fast durchgängig: die Seele, die Krone, die Sonne, die Blume – wie die leibhaftigen Ketzer auch schreiben![70]

Auch der Jesuit Ignaz Weitenauer geht bereits 1764 gegen die konfessionelle ,Markierung' des schriftsprachlichen Endungs-e vor:

> Woher entspringt doch dieser unversöhnliche Haß wider das unglückliche e? Ist der Übelklang des armen Buchstaben oder ein unerbittliches altes Vorurteil oder wohl gar die Religion an seiner Verdammung schuld? Von der Religion erstlich zu reden, ist es schwer zu begreifen, wie man sie in die Rechtschreibung eingemischt. Was hat immermehr die Glaubenslehre mit dem e zu thun. Welchen Artikel hat dann derjenige abgeschworen, welcher hie und da ein Nennwort um eine Silbe verlängert? (Zitiert nach Kluge 1918, 244f., vgl. Anm. 68)

Weitenauer ist zudem der Ansicht, dass die verkürzten Formen des Oberdeutschen, die auf die Einsilbigkeit des Chinesischen hinführen, keineswegs besonders wohllautend seien. Er spricht eher von einem Wohlklang, den das Lutherische-*e* den gehäuften Konsonanten des Deutschen gebe (s. Kluge 1918, S. 245).

Es ist im strengen Sinn nicht das von Luther eingeführte -*e*, sondern das obersächsische, im Gefolge der kursächsischen und maximilianischen Kanzleisprachen-Tradition weitergegebene Endungs-*e* unbeschädigt durch die oberdeutsche *e*-Apokope.

Es ist dann aber unbestritten auch das Endungs-*e*, wie es in Luthers Bibelübersetzung schon 1545 in der Ausgabe letzter Hand mit ca. 80% vorliegt, und auf diese Weise verbreitet wird. Ein ostmitteldeutscher Bibeldruck von 1694 erreicht dann bereits ca. 96% auf der Skala der heute erwartbaren Endungs-*e*. Weiteres ist der Abb. 159.2 aus dem Handbuch Sprachgeschichte von 2003 zu entnehmen:[71]

Bibel-Druck	Gesamtzahl der Belege	Davon: Nhd. Norm (-e)	in %	Apokope	in %	hyperkorr. -e	in %
1522	605	368	64,8	200	35,2	37	6,1
1545	665	517	80,8	123	19,2	25	3,7
1569	673	530	81,4	121	18,6	22	3,3
1626	677	550	84,1	104	15,9	23	3,4
1694	686	641	96,4	24	3,6	21	3,1
1736	670	629	97,2	18	2,8	23	3,4
1797	675	653	99,7	2	0,3	20	3,0

Abb. 22: *Auslautendes -e in ostmitteldeutschen Lutherbibel-Drucken 1522-1797. Grundlage: Matthäus-Ev., je 10 Kapitel (nach Abb. 159.2 in Anm. 71).*

Dieses Endungs-*e* erweist sich im Gesamtüberblick als der wirksamste ‚Konfessionsmarker' im katholischen Bewusstsein des 17./ 18. Jahrhunderts in Deutschland.

Die *e*-Tilgung im Süden des deutschen Sprachgebietes ist keine Episode, sondern von fortdauernder Wirkung bis hin zu den heutigen Mundarten. Noch heißt es da etwa *der Glaub, die Kron, die Tauf, die*

Bitt, die Leut und in vielen weiteren Beispielen dieser Art bleibt es bei der *e*-Tilgung. Wo aber dadurch wichtige Funktionsstörungen auftreten, zeigen sich Abwehrreaktionen in den oberdeutschen Schreibsprachen, übernommen oder/und auch mitgestaltet in den Dialekten bis heute. Der Ausbau in der späteren Schriftsprache bewahrt das *e* in seinen alten Funktionen, übernimmt aber auch teilweise die neu entstandenen Markierungselemente der Reparaturarbeit an den gestörten Flexivsystemen. Letztlich entsteht daraus z. B. unsere heutige, eher heterogene schriftsprachliche Norm der substantivischen Flexion, insbesondere hinsichtlich der Pluralmarkierung.

Man wich nämlich im Oberdeutschen nach und nach aus auf drei neue Möglichkeiten einer Pluralkennzeichnung:

(1) **Pluralsuffix** *-er* (z. T. mit Umlaut)
(2) **Pluralsuffix** *-(e)n*
(3) **Pluralzeichen: Analogumlaut**

(1) Beispiele zu **Pluralsuffix** *-er* (z. T. mit Umlaut):

beiner, bender, bilder, büecher, götter, hölzer, hüener, kinder, kleider, lender, lieder, örter, rösser, wörter, u. a. m.

Einige dieser Bildungen begegnen schon im Spätmittelhochdeutschen und finden dann im Frühneuhochdeutschen ihren weiteren Ausbau. In den Texten des 15.-17. Jhs treten je nach Schreiblandschaft Konkurrenten auf. Die *-er*-Plurale sind z. T. bis in die rezenten (gegenwärtigen) Dialekte des Südens greifbar. Der Verfasser dieses Buches kennt sie aus seinem alemannischen Dialekt des mittleren Schwarzwaldes. Es sind (nicht notiert in dialektaler Lautung) z. B.: *Beiner* (= Knochen), *Bänder, Länder, Örter, Wörter, Hemder, Steiner, Better, Dinger.*

Schriftsprachlich ist folgender Sachverhalt bezüglich dieser Wörter festzustellen: Der *er*-Plural ist nicht akzeptiert bei Hemd/Hemden; Stein/Steine; Bett/Betten; Ding/Dinge. – Schriftsprachlich gelten Doppelformen mit Bedeutungswechsel; dialektal nur *-er*: *Bande/Bänder*;

Lande/Länder; Orte/Örter; Worte/Wörter. Bein= Knochen ist veraltet; *Bein/Beine* (= Gliedmaßen).

Das Ergebnis ist heterogen, d. h. zum Teil akzeptiert die Schriftsprache das *-er*-Pluralsuffix nicht, sondern setzt dagegen *-e* oder *-en*; z. T. addiert sie zwei unterschiedliche Pluralbildungen, möglicherweise weil sie beide stark verbreitet sind, und differenziert die beiden zunächst gleichwertigen Plurale alsdann in der Bedeutung. – In Band III der Grammatik des Frühneuhochdeutschen (s. Anm. 59) sind in den §§74-77 die im BONNER KORPUS belegten *-er*-Plurale und ihre Konkurrenten landschaftlich wie zeitlich sehr informativ präsentiert. Es ist beeindruckend, wie hier unterschiedliche großregionale Ansätze sprachlicher Regelung aufeinandertreffen und schließlich umgestaltet werden in die neue Schriftnorm.

(2) Beispiele zu **Pluralsuffix -*(e)n*:**

Bei dem Pluralsuffix *-er* wurde kein neues Zeichen erfunden, sondern nur ein alter *-ir*-Plural einer kleinen Wortgruppe als *-er* übernommen.

Das ‚neue' Pluralsuffix *-e(n)* ist aus einer Veränderung der schwachen *n*-Deklination (Feminina) entstanden: Der Plural hatte in allen Kasus bereits diese Endung; im Singular wurde das ursprüngliche *-e(n)* ganz beseitigt. So entstand die klare Numerusdifferenzierung. Der alte Zustand mit *-en* im Singular ist auch später noch greifbar, etwa in der Bezeichnung ‚unser lieben Frau*en* Münster' (Genitiv Singular, bezogen auf Maria).

Substantive mit *-e(n)*-Plural: *Frau, Stunde, gnade, sünde, person, ursach, rede, sache* u. a. m. „Alle mhd. schwach gebildeten Feminina, die im Korpus belegt sind, haben *-e(n)*-Plural." (Gr.d.Frnhd. III, S.255). Dieser Zustand lässt sich stufenweise in den Zeiträumen I-VII ablesen.

(3) **Analogumlaut als Pluralmarkierung:**
Sprachhistorisch wird unter Umlaut die Aufhellung der Wurzelvokale *a, o, u* innerhalb der Flexion zu *e/ä, ö, ü* durch folgendes *i, j* verstanden. Die graphische Bezeichnung dieses Lautwandels variiert je nach Zeit- und Sprachraum. Der originale Umlaut ist ein Vorgang, der für die Epoche des Frühneuhochdeutschen abgeschlossen ist. Das eröffnet die Möglichkeit, Umlaute analog, d. h. in flexionsmorphologischer Ansicht, neu einzusetzen, nämlich auch da, wo sie lautlich gar nicht entstanden sein können. Dieser Analogumlaut entwickelt sich im Oberdeutschen weit früher als im Mitteldeutschen, eben auch als Reparaturmittel gegen die oberdeutsche Tilgung des *-e*. Die folgenden Korpus-Beispiele (Gr.d.Frnhd. III, §80) mit Analogumlaut und z. T. noch variierenden Suffixen führe ich in heutiger Singular-/ Pluralform an, daneben in ihrer Form im heutigen alem. Dialekt des mittleren Schwarzwaldes.

Schriftsprachlich	dialektal (alem.)
Acker/ Äcker	*dito*
Baum/ Bäume	*Bōm/Bēm*
Bock/ Böcke	*Bok/Bek*
Fluss/ Flüsse	*Fluss/Fliss*
Fuß/ Füße	*Fues/Fies*
Gang/ Gänge	*Gang/Geng*
Hand/ Hände	*Hand/Hend*
Hof/ Höfe	*Hof/ Hēf*
Markt/ Märkte	*Markt/Märkt*
Schlag/ Schläge	*Schlag/Schläg*
Sohn/ Söhne	*Sōn/Sēn*
Vogel/ Vögel	*Vogel/Vegl*
Wagen/ Wagen (Wägen)	*Wage/Wäge*
(Tag/ Tage)	(*Tag/Täg*: Der Analogumlaut ersetzt im Dialekt das getilgte *-e*)

Fazit: Man kann an den bisherigen Beispielen erkennen, dass das alte Flexionssystem der Substantive massiv gestört wurde. Ein wichtiges Störelement war die vom Oberdeutschen ausgehende *e*-Apokope. Sie beseitigte vor allem auch Numerusdifferenzierungen. Diese wurden sodann in den Schreibsprachen mit flexivischen Mitteln neu gestaltet, wobei das Ostmitteldeutsche weiterhin im Besitz des -*e* blieb und später dann auch teilweise die süddeutschen Ersatzformen einbeziehen konnte. Die Substantiv-Flexion der Schriftsprache ist also letztlich ein Gemeinschaftsprodukt oberdeutscher und mitteldeutscher Sprachregionen.

Anhand des BONNER KORPUS kann auch die wesentliche Epoche der strukturellen Umgestaltung des deutschen Verbsystems im Frühneuhochdeutschen mit Blick auf Raum und Zeit erstmals genauer beschrieben werden. Der IV. Band der Grammatik des Frühneuhochdeutschen (Ulf Dammers, Walter Hoffmann, Hans-Joachim Solms: Gr.d.Frnhd. IV; s. Anm. 59) liefert dafür die Untersuchungen mit zahlreichen Tabellen und Beleglisten. Im Folgenden richtet sich das Augenmerk nicht auf den detaillierten Ablauf vieler einzelner Kleinschritte in der Umgestaltung der Flexionssysteme der starken und schwachen Verben mit z. T. wechselnden sprachlandschaftlichen Arealen, sondern auf einige wenige zentrale Vorgänge im Verbbereich des Frühneuhochdeutschen und auf die Frage nach einer Vorreiterrolle des einen oder anderen Sprachareals.

Es war eben die Rede von ‚starken' und ‚schwachen' Verben. Die Klassifizierung ist seit Jacob Grimm die hergebrachte und beruht auf der Art der Bildung des Präteritums und des Partizips II. Die sog. starken Verben bilden das Präteritum nur durch Vokalwechsel im Stamm (= Ablaut) in Abhebung vom Präsens, die sog. schwachen Verben mit Hilfe eines -*t*-(= Dentalsuffix), ebenso beim Partizip II. Die folgenden Übersichten zeigen je ein Beispiel für die Präteritalbildung bei starken und schwachen Verben im Mhd. gegenüber dem Nhd.:

	mhd.	nhd.
Infinitiv	schrîben	schreiben
Prät. Sg.	schreip	schrieb
Prät. Pl.	schriben	schrieben
Part. II	ge-schriben	ge-schrieben

Beispiel: starke Verbflexion

	mhd.	nhd.
Infinitiv	sagen	sagen
Prät. Sg.	sag(e)te	sagte
Prät. Pl.	sag(e)ten	sagten
Part. II.	ge-sag(e)t	ge-sagt

Beispiel: schwache Verbflexion

Das Inventar der starken Verben blieb im Althochdeutschen und Mittelhochdeutschen weitgehend stabil, brach aber auf dem Weg zum Neuhochdeutschen über 50% ein. Die angegebenen Zahlen sind: im Mhd. 377, im Nhd., also heute, nur noch 177 starke Verben (s. Gr.d.Frnhd. IV, S. 271). Diese gravierende Reduzierung kam zustande durch vielfachen Übertritt starker Verben in die Klasse der schwachen Verben und durch generelles Veralten. Neue Verben können sowieso nur nach dem Muster der schwachen Verben gebildet werden. So ist es nur folgerichtig, dass die hergebrachte Bezeichnung ‚stark/ schwach' schließlich heute umbenannt wurde in ‚unregelmäßige und regelmäßige' Verben.

Der zahlreiche Klassenübertritt von starken Verben wie auch die Umbenennung der hergebrachten Bezeichnungen signalisieren die generell sprachgeschichtliche Entwicklungstendenz der Systematisierung. Vielfalt früherer Sprachstufen wird überführt in generell übergreifende Regelungen. Das gilt zunächst grundsätzlich für das ganze Sprachgebiet des Frühneuhochdeutschen. Für die Abfolge eines Klassenwechsels von sog. starken Verben „zeigt sich eine Neigung zur

Übernahme der sw. [= schwachen] Bildungsweise (s. Gr.d.Frnhd. IV, §§ 154-159) häufiger im Obd. Blanckenburg (1897, 73) formuliert für den bair. Sprachraum eine ‚Abneigung gegen das starke Präteritum'" (s. Gr.d.Frnhd. IV, S. 526). Diese Abneigung lässt sich zum Faktum erhärten durch den tatsächlichen Präteritumsschwund im Oberdeutschen, der weitgehend in den Texten der frühen Neuzeit, voll erfassbar in den Dialekten bis heute ist.

Die erhebliche Klassenumschichtung im Verbbereich ist ein zentraler Vorgang im Frühneuhochdeutschen. Sie ist Teil der sprachgeschichtlichen Entwicklungstendenz zur „Rationalisierung des Systems" (Gr.d.Frnhd. IV, S. 530). Sprachgegebenheiten im Oberdeutschen (u. a. Präteritumsschwund) könnten wohl dazu geführt haben, dass der Vorgang der Klassenumschichtung im Verbbereich vom Oberdeutschen her stark mitbestimmt wurde.

Ein weiterer zentraler Vorgang ist die Tempusprofilierung bei den verbliebenen sog. starken Verben (s. Hotzenköcherle 1962; s. Anm. 67). Gemeint ist damit: Die Tempusmarkierung soll schärfer umrissen sein als zuvor. Wie kann das bewerkstelligt werden? Nehmen wir als Beispiel ‚werfen':

	mhd.	nhd.
Infinitiv	werfen	werfen
Prät. Sg.	warf	warf
Prät. Pl.	wurfen	warfen
Part. II	ge-worfen	ge-worfen

Beispiel: Tempusprofilierung bei starker Verbflexion

Im neuzeitlichen Deutsch ist Singular und Plural Prät. einheitlich mit demselben Ablaut (*a*) gebildet, d. h. die Präteritalstufe ist also insgesamt klarer abgehoben vom Präsensstamm (*e*). Das wird im Sinne einer Tempusprofilierung im Prinzip für alle ablautenden Verbklassen früherer Zeit angestrebt und auch erreicht. Unregelmäßige Verben müssen in ihren Ableitungen erlernt werden, auch heute noch, aber die Ableitungen sind durch die sog. Tempusprofilierung etwas reduziert und fokussiert worden. Die regelmäßigen Verben haben demgegenüber eine einfache und gleichbleibende Präteritalmarkierung (*sagen* – *sagte*). Diese wird z. B. von kleinen Kindern im Deutschen früh irgendwie als regelhaft erkannt und auch für sog. starke, unregelmäßige Verben benutzt, etwa: **er schwimmte*, **sie singte* etc. Die korrekten Formen müssen da Verb für Verb jeweils speziell erlernt werden.

Die sog. Tempusprofilierung ist ein Antriebselement für die Straffung/ Veränderung der Ablautklassen beim Verb. Durch lautlichen Wandel kommt ein anderes Element hinzu, zunächst ein störendes, etwa Diphthongierung (*î* > *ei*) oder Monophthongierung (*uo* > *û*). Andererseits kann quantitativer Ablaut (Kurzvokal/ Langvokal) neutralisiert werden. Über diese ‚Störfaktoren' kommt nun auch der sprachlandschaftliche Faktor ins Spiel, weil die genannten lautlichen Änderungen sprachräumlich und zeitlich versetzt abgelaufen sind oder sein können. Das soll nun am Beispiel der I. Klasse der ablautenden Verben angedeutet werden.

Mhd. gilt: *schrîben/ schreip* – *schriben/ geschriben*. Für die Folgezeit ist zu berücksichtigen, dass sich im Südosten des deutschen Sprachgebiets die Diphthongierung von *î* > *ei* im späteren Mittelalter entwickelte und sich weiter nach Norden und Westen ausdehnte. In der Schreibung galt vorherrschend die Graphie *ei* für ehemals langes *î*. Daneben bestand schon ein alter Diphthong *ei*, für den im Bairischen und Ostschwäbischen meist auch die Graphie *ai* verwendet wurde. Das ermöglichte dort in den Texten die Unterscheidung von jungem Diphthong aus *î* und altem Diphthong *ei*, geschrieben *ai*. In der Schreibung war also mit *schreiben* (Präs.)/ *schraib* (Prät. Sg.), folgend *i* (Prät. Pl.), *i* (Part. II) die Markierung Präs./ Prät. noch irgendwie erhalten, in den übrigen Regionen aufgrund der identischen Schreibung *ei* der alten und der neuen Diphthonge nicht mehr. An den Belegen des BONNER KORPUS kann man erkennen, wie sich die Umgestaltung der I. Klasse der ablautenden Verben von 1350 bis 1700 in den Texten der Sprachregionen vollzogen hat. Man kann das im Übrigen auch für die anderen starken Verbklassen, darüber hinaus auch für die Umgestaltung von Flexionsregeln anderer Wortarten, erkennen. Das ist in diesem Umfang und mit der sprachräumlichen Dokumentation u. a. der Gewinn der Textkorpusarbeit.

Für die mittelhochdeutsche Ablautreihe I wird eine Abbildung aus Bd. IV der Frühneuhochdeutschen Grammatik hinzugezogen:

Region	Zeitraum	Inf.	1./3.Sg.Prät.	Pl.Prät. (sowie umlautlose Konj.Prät.-Form)	Part. II
ripuarisch	I	i~ij	ey	e~ee~ i~ij	e~i
	III	i~y~ ij	ei	e	e~ei
	V	ei~ey ~ie	-	i	i~ie
	VII	ei~ey	-	i~ie	i~ie
thüringisch	I	i~y	ei	e	e
	III	ei~ey~ i	ei~ey	e	e~i
	V	ei	ei, i	i~ie	i~ie
	VII	ei	i~ie	ie	i~ie
obersächsisch	I	i~ei	ei	i	i
	III	ei~ey~ eu	ei	i~y	i
	V	ei	ei	ie	i~ie
	VII	ei~ey	ie	ie	i~ie
hessisch	I	i~y~e	ei	-	i
	III	i~y~ ey	-	ie	i~y~ ie
	V	ei~ey	ie	ie	i~ie
	VII	ei~ey	ie	i~ie	i~ie
ostfränkisch	I	ei	ai	i	i
	III	ei~ey ~ai~i	ai~ei ~ey	-	i
	V	ei~ey	-	-	i
	VII	ei	i~ie	i~ie	i~y~ ie
elsässisch	I	i	ei	i	i
	III	i~y~ ei	ei~ey ~i	i	i~y~ü
	V	ei~ey ~ai	i	i	i~ie
	VII	ei~ey	i~ie ~y	i~ie	i~ie
schwäbisch	I	i	ai	i	i
	III	ei~ey ~ai~i ~y	i	-	i
	V	ei~ey	-	i	i
	VII	ei	i~ie	i~ie	i~ie
ostschwäbisch	I	ei~ai	ai, e	i~ie	i
	III	ei~ey ~eÿ~ÿ	i	i	i~ÿ
	V	ei~ey	-	i	i
	VII	ei~ey	i~ie	i	i~ie
mittelbairisch	I	ei~ey	ai	i	i~ie
	III	ei	ai	i	i~y~ ie
	V	ei~ai	i~y	i~y	i
	VII	ei~ey	i	ie	i~y~ ie
osthochalemannisch	I	i	ei	i	i
	III	i	ei	i	i~y
	V	ey~y	ei	i~y	i
	VII	ei~ey	-	i~ie	i~ie ~ey

Abb. 23: Graphieinventar der mhd. Ablautreihe I (î – ei, ê – i – i) (aus: Gr.d.Frnhd. IV, S. 235, Abbildung 21).

Sie bietet pro Sprachregion und Zeitraum vier Spalten (Stammvokale für Präs./ Prät. Sg. – Prät. Pl./ Part. II) jeweils die Leitgraphien der Stammvokale in den Zeitstufen. Die Abb. 21 aus der Gr.d.Frnhd. IV (hier Abb. 23) ist für Fachleute sehr instruktiv, für andere vielleicht verwirrend. Hier sollen daher die abzulesenden Ergebnisse in aller Kürze angedeutet werden.

1. Spalte: Präsensstamm

Die Diphthongierung von î > ei/ ey ist mittelbairisch, ostschwäbisch und ostfränkisch von Zeitraum I-VII (1350-1700) durchgängig belegt, mit nur leichter Einschränkung auch für obersächsisch, sodann ab Zeitraum III auch für thüringisch, hessisch, schwäbisch und elsässisch. Nur ripuarisch und osthochalemannisch setzen mit Zeitraum V (1550-1600) ein, also spät.

2. und 3. Spalte: Präteritalstamm

Hier richtet sich das Augenmerk auf die Ablaut-Vereinfachung für das ganze Präteritum im Sinne der Tempusprofilierung. Hier gehen ostschwäbisch, schwäbisch und thüringisch ab Zeitraum III voran, gefolgt von elsässisch, eventuell auch hessisch. Der Ausgleich erfolgt in Richtung Pluralablaut *i*, wie im heutigen Deutsch. Ostfränkisch, hessisch, ripuarisch und elsässisch folgen erst im Zeitraum V (1550-1600); osthochalemannisch und erstaunlicherweise auch obersächsisch stellen erst in Zeitraum VII auf einheitliches *i(e)* für das ganze Präteritum um. – Es „gehorcht die Formenbildung in Luther-Texten seit 1522 bis 1545 und auch weit darüber hinaus nicht nur innerhalb von Bibeldrucken [...] der o. a. Ablautreihe *ei – ei – i – i*" (Gr.d.Frnhd. IV, S. 298; s. Anm. 59). Das heißt, î des Präsensstammes wurde früh diphthongiert, der Rest der alten Ablautreihe blieb erhalten, die Tempusprofilierung blieb aus – also zwei Ablaute (*ei – i*) für die Präteritalstufe Singular/ Plural. Auf S. 298 wird noch vermerkt, dass Luther vor 1522 nicht selten das *ei* des Singular Präteritum auch analog für den Plural gesetzt habe – also Ausgleich in die andere Richtung.

Diese Hinweise auf Luther in dem Grammatikband IV zum Frühneuhochdeutschen sind der Sekundärliteratur entnommen. Luther fügt sich hiermit gut ein in die im Obersächsischen zu beobachtende Retardierung der neueren und verbesserten Markierung der Tempusstufen in anderen Regionen. Häufig steht das Ostmitteldeutsche (obersächsisch, thüringisch), meist auch in Verbindung mit ostfränkisch (Nürnberger Bereich) am Anfang einer Entwicklung zum Neuhochdeutschen hin, hier steht es am Ende. Der Bibeldruck hat möglicherweise die Retardierung dann etwas konserviert. Dieser Eindruck insgesamt gilt zunächst nur für die I. Klasse der ablautenden Verben. Der Umbau der übrigen Ablautklassen verläuft z. T. über andere Zeiträume und agierende Regionen.

Ein weiterer Fall von Retardierung neuhochdeutscher Ausgleichstendenzen im Ostmitteldeutschen zeigt sich beim sog. Rückumlaut schwacher Verben (Gr.d.Frnhd. IV, §§ 160-164).

Der Rückumlaut als lautgesetzlich bedingte Erscheinung (mhd. *brennen/ brannte, gebrannt*), im Mittelhochdeutschen noch gut bewahrt, ist in der nhd. Schriftsprache nur noch in *brennen, kennen, nennen, rennen* ganz, in *senden* und *wenden* untermischt mit *e*-Formen erhalten. Rückumlaut gilt für das Präteritum und das Part. II. Daneben existieren bis heute noch einige isolierte Partizipien (*getrost, gestalt, erlaucht, durchlaucht, bestallt*). Da es sich generell um sog. schwache Verben handelt, ist *e – a* eine doppelte Tempusmarkierung, die heute (bis auf die genannten sechs Verben) beseitigt ist. Beim Abbau „zeigt sich, auch und besonders für den Wechsel *e – a*, daß der Ausgleich insbesondere im Obd. vollzogen wird. Dagegen sind in omd. Texten bis weit in das 18. Jh. hinein Bildungen von Rückumlautsverben über das Ausmaß der nhd. erhaltenen hinaus zu beobachten." (Gr.d.Frnhd. IV, S. 527).

Längeres Schwanken ist etwa festzustellen bei *setzen, decken, recken, schmecken, stecken, strecken, merken, schenken, schwenken, stellen, trennen*. Ob schließlich der weitgehende Verzicht auf den Rückumlaut mehr dem oberdeutschen Einfluss oder mehr dem Streben nach vereinfachter und dennoch voll ausreichender Kennzeichnung des Präteritums zugeschrieben werden kann, ist im Einzelnen nicht mehr zu klären.

Das Kapitel IX und damit auch die Dokumentation sprachlicher Abläufe vom 15.-18. Jahrhundert anhand von Textkorpora soll mit einem Blick auf die Verbalflexion sog. starker Verben im Präsens abgeschlossen werden. In der Behandlung des Singular Präsens wie auch der Formen des Plural Präsens gehen das Oberdeutsche und das Mitteldeutsche unterschiedliche Wege – schließlich bestimmt dann aber das Mitteldeutsche unsere heutige schriftsprachliche Norm.

Im Präsens Singular-Stamm der sog. starken Verben der Ablautreihen IIIb, IV und V hat das Mitteldeutsche Vokalvariation *e, i, i*, also *neme/ nimmst/ nimmt*; das Oberdeutsche bleibt beim mhd. Modell *i, i, i*, also *nimm(e)/ nimmst/ nimmt* (Gr.d.Frnhd. IV, S. 528). Die mitteldeutsche Wechselflexion *e, i, i* setzt sich bis zum 18. Jh. durch.[72] Die Flexionsendungen der Verben generell sind im Plural Präsens Indikativ: Mhd. *-en/ -et/ -ent*, im Nhd. *-en/ -(e)t/ -en*.

Es heben sich frühneuhochdeutsch in der Pluralbildung landschaftlich mehr oder weniger zwei Gruppen ab; (1.) die Abfolge *-en/ -et/ -en* unter Wegfall des *-t* in der 3. Pers. Plural, wie das auch schon mhd. für das Prät. galt, sodann (2.) *-ent/ -ent/ -ent*. Dieser sog. Dentalplural schuf völlige Einheitlichkeit in den drei Pluralformen. Welche zwei Gruppen das sind und welche sich in der neuhochdeutschen Schriftsprache am Ende (Zeitraum VII= 1650-1700) klar durchgesetzt hatte, das lässt sich an Abb. 24 (1350-1400) und Abb. 25 (1650-1700) im Prozessablauf erkennen.[73]

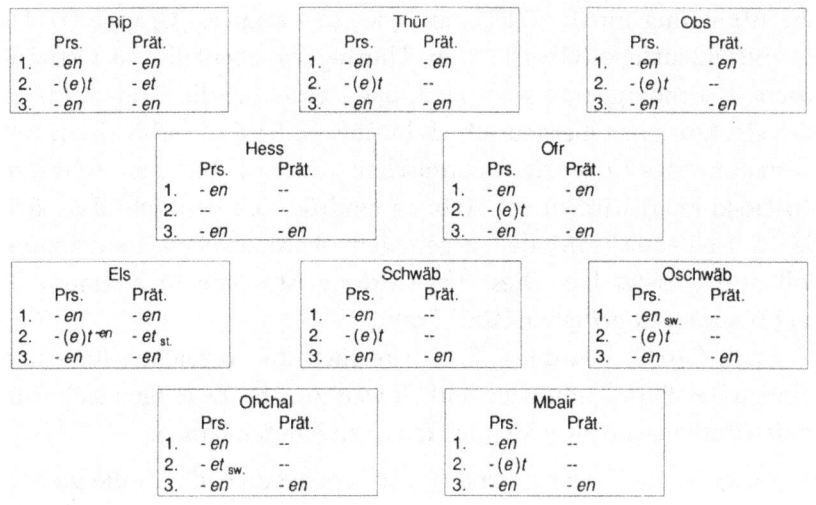

Abb. 24: Flexionsendungen des Plurals in Zeitraum I (1350-1400)
(aus: Gr.d.Frnhd. IV, S. 76, Abbildung 6).

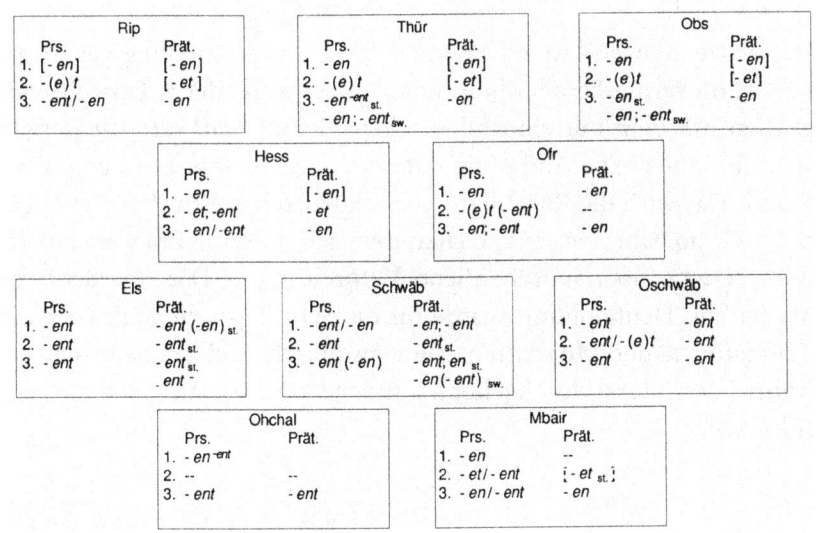

Abb. 25: Flexionsendungen des Plurals in Zeitraum VII (1650-1700)
(aus: Gr.d.Frnhd. IV, S. 79, Abbildung 9).

Die Abbildung für den Zeitraum 1350-1400 zeigt als Gruppe (1) das Ostmitteldeutsche (Obersachsen, Thüringen), ebenfalls das Ostfränkische (Nürnberg) und wohl auch das Hessische; die Gruppe (2) ist klar strukturiert: Oberdeutsch (Schwäbisch, Bairisch, Elsässisch) mit Ausnahme des Osthochalemannischen (Zürich). Für den Zeitraum VII (1650-1700) wird in der Abb. 25 eindrücklich deutlich, dass sich das mitteldeutsche Modell gegen den oberdeutschen Dentalplural voll durchgesetzt hat. Diese Entwicklung ist schon in Zeitraum III (1450-1500) weit gediehen (Gr.d.Frnhd. IV, S. 77).

Nach Besch (s. Anm. 5, S. 313) reichen die Anzeichen für einen Umbau der Pluralendungen zeitlich weit zurück. Es mögen sich früh in der Hauptsache zwei Möglichkeiten angeboten haben:

1) Ausgleich nach der 1. Pers. Pl. auf *-en*, gestützt durch die gleiche Endung in der 1. Pers. und 2. Pers. Pl. Konjunktiv und in beiden Modi des Präteritums.
2) Ausgleich nach der 3. Pers. Pl. auf *-ent* und Nasaleinschub in der 2. Pers. Pl. *-ent*.

Das Mitteldeutsche ist im Wesentlichen den ersten Weg gegangen, wie schon vermerkt, allerdings unter Aussparung der 2. Pers. Pl. Verglichen mit dem mittelhochdeutschen Modell (*-en/ -et/ -ent*) ergibt sich nur eine kleine Änderung mit dem Wegfall von *-t* in der 3. Pers. Plural. Das wird die Regel der neuhochdeutschen Schriftsprache. Luthers Flexionsformen entsprechen dem schon, seine Bibelversion garantiert eine überlandschaftliche Verbreitung. – Das oberdeutsche Modell des Dentalplurals wurde für die Schriftsprache abgewehrt, in Teilregionen der Mundarten wie schwäbisch und alemannisch bewahrt (*-(e)t*-Plural durchgehend), anderswo ist es Ausgleich auf *-e/ -(e)t/ -e*.[74]

X. ‚Sprachschöpfer' oder ‚Nachzügler'?
Auskünfte der neueren Sprachforschung

Mit Blick auf den Titel dieses Buches wird hier zunächst die letztlich entscheidende Wegstrecke zur Einheit der deutschen Schriftsprache behandelt, in die Luther ohne Zweifel maßgeblich einbezogen war. Sodann soll im Kapitel XI nach den Gründen gefragt werden, warum die Deutschen in ihrer langen Sprachgeschichte so spät zu einer Schrifteinheit gefunden haben.

Das Thema: **Schriftsprachliche Einheit**

Im Mittelalter hat der Süden, das Oberdeutsche, eine dominante Position. Die sogenannte mittelhochdeutsche Dichtersprache, überhaupt der damalige Literaturbetrieb, bestätigt das hohe Prestige. Im 15. Jahrhundert kommt allmählich ein Konkurrent in Form einer ostmitteldeutschen-ostoberdeutschen Allianz auf und gewinnt zunehmend Gestalt in der Annäherung der kursächsischen und der maximilianischen Kanzlei. Das ist so etwas wie ein erster Brückenschlag zwischen Oberdeutsch und Mitteldeutsch. Luther nun beruft sich in einer Tischrede (WATR 2, Nr. 2758 b; s. hier S. 28) auf diese Allianz. Er bezeichnet sie als gemeine deutsche Sprache, die er brauche, damit ihn Ober- und ‚Niederländer' verstehen können. Es ist die Sächsische Kanzleisprache, die weithin in Deutschland gelte als eine Art von Sprachallianz zwischen Kurfürst Friedrich H. zu Sachsen und Kaiser Maximilian. *Sprache* in Luthers Tischredetext bezieht sich offensichtlich auf das ‚Buchstabenkleid', d. h. auf einen weithin akzeptierten Schreibusus. Das erleichtert das Verstehen über Regionalgrenzen hinweg. Diese ‚Brückenallianz' entwickelt sich zum großen Konkurrenten der vormals dominierenden Sprache des Südens. Das ist die Situation im 16. und 17. Jh. Die Entscheidung zwischen beiden schien in dieser Zeit noch offen zu sein. Der Streit über die Frage ‚Was ist Hochdeutsch?' hatte je einen Höhepunkt im 17. und sogar noch im 18. Jh. Im Grunde aber war die Entscheidung schon mit Luthers Übersetzung der Bibel auf der Grundlage der ostmitteldeutschen Sprachallianz gefallen. Es war die Verschiebung der schreibsprachlichen Basis der künftigen Deutschen von Süden in die Mitte des großen deutschen Sprachgebietes und da stärker in den östlichen Teil. Das ist ein ganz wichtiges Faktum. Hinzu kam sodann die mächtige Autorität der Bibel, wirksam nunmehr in deutscher Sprache. Sie überwand letztlich alle sprachgeographischen Barrieren in einem Akt der nationalen Aneignung, erreichte Herz und Verstand der breiten Volksschichten, wurde gehört und in bestimmten Passagen auswendig gelernt; sie wurde buchstabiert und als Muster genommen für das Schreiben in den Schulen. Gegen diese Sprachautorität kam kein Konkurrent mehr an. Dies wurde im 17. und dann endgültig im 18. Jh. völlig klar. Johann Christoph Gottsched (1700-1766) wusste recht wohl, „dass der Vorrang des Obersächsischen darauf beruhte, dass sich seit der Reformation der Schwerpunkt der literarischen Tätigkeit von Süddeutschland nach Ostmitteldeutschland hin verschoben hatte."[75] Johann Christoph Adelung (1732-1806) hob die Vorrangstellung der südlicheren Kursächsischen Lande seit der Reformation als die „blühendste und cultivierteste Provinz in dem ganzen Deutschland" hervor (vgl. Anm. 75, I, S. 361). Die Arbeiten dieser beiden großen Sprachgelehrten haben dann den weiteren Ausbau der neuhochdeutschen Schriftsprache auf der ‚Lutherbahn' entscheidend mitgeprägt.

In den zeitgenössischen Zeugnissen über Sprachvorbild und Sprachnorm im 16. und 17. Jh., wie sie in Kapitel VII vermittelt werden, findet sich eine Bestätigung der Schwerpunktverschiebung des sprachlichen Zentrums von Süden in die Mitte; ebenso die wachsende Ausrichtung auf Luther und das Meißnische. Das 16. Jh. ist eher noch tastend, unentschlossen in der Vorbildnennung, breitgestreut, noch nicht voll erreicht von der Bibelwirkung. Im Bewusstsein des 17. Jhs sind Luther und das Meißnische dominant, wie aus der Tabelle I (s. hier S. 90) von Dirk Josten abzulesen ist, wo nur noch die Erwähnung von Kanzleien, eher unspezifiziert, Gewicht hat. Diese Nennung wird sicher auch einen starken oberdeutschen Bezug haben.

Bezüglich der erwähnten ostmitteldeutsch-ostoberdeutschen Schreiballianz können auch die Ergebnisse des II. Kapitels noch einmal herbeigezogen werden. Schon im 15. Jh., insbesondere gegen Ende, scheinen sich deutliche Anzeichen einer beginnenden Konvergenz anzudeuten, teilweise schon mit Einbezug des Ostfränkischen. Die Geschichte der allmählichen Abdrängung des Oberdeutschen und damit auch die Geschichte der entstehenden neuhochdeutschen Schriftsprache beginnt früh und verläuft letztlich einsinnig.

Dieser eher skizzenhaften Verlaufsdarstellung sollen die ‚Lutherspuren' in einigen Details genauer angeschlossen werden. Vorab ist noch einmal zu betonen, dass Luther bestritten hat, eine ‚gewisse, eigene' Sprache zu haben. In Kapitel III ist der Terminus ‚Luthersprache' nach dem neueren Stand der Forschung hinreichend differenziert worden. Luther ist Erbe jener ostmitteldeutsch-ostoberdeutschen Schreiballianz und ist zugleich ein sprachmächtiger und durch lebenslange Spracharbeit geschulter Autor und Sprachmeister in diesem Rahmen. In seiner Bibelübersetzung fließen übernommene Basis und eigene Sprachmächtigkeit zusammen. Basis, das ist primär Buchstabe und Form; Sprachmächtigkeit bezieht sich auf Syntax, Stil und z. T. auf Wortschatz. Hinsichtlich Buchstabe und Form (Flexion/Grammatik) darf man Luther und den ostmitteldeutschen schreibsprachlichen Usus, wie er im BONNER KORPUS ersichtlich ist, zusammensehen im Vergleich mit anderen Schreiblandschaften.

Wenn in den jetzt anzuführenden Details aus dem Kapitel IX das Ostmitteldeutsche bestimmend wird für die neue Schriftsprache, dann ist implizit auch Luther einbezogen, kraft der Sprachwirkung der Bibel. Dass es entsprechend auch Beispiele gibt, in denen das Ostmitteldeutsche klar zurücksteht, ist nur ein Zeichen für die abschließende, breiter angelegte Ausbaugestaltung der neuhochdeutschen Norm.

Das Beispiel ‚**Flexion der Substantive**', insbesondere der Pluralbildung (**Numerusprofilierung**):

Auslöser für eine Reihe von Veränderungen zu unserer heutigen Schriftsprache hin ist der Schwund (= Apokope) von auslautendem -e. Der ging von Süden aus und gewann immer mehr Raum nach Norden (s. hier S. 109f.). Einzig die ostmitteldeutschen Texte (Thüringisch, Obersächsisch) entzogen sich in allen Zeitabschnitten (1350-1700) dieser Veränderung und bewahrten -e, auch als Pluralsuffix -e. Südlichere Regionen entwickelten für die Pluralkennzeichnung alsdann Ersatzformen, etwa -er, -en und den Analogumlaut (*der Tag, die Täg*) (s. hier S. 116f.). Das heutige Modell der Substantivflexion bewahrt das (ostmitteldeutsche) -e durchaus und bedient sich nebenbei auch noch der Ersatzsuffixe für bestimmte Lexeme. Auf diese Weise könnte man von Stabilität und Veränderungsgewinn in einem sprechen, z. T. sogar mit Doppelformen: *Worte/ Wörter; Lande/ Länder; Bande/ Bänder.*

Das Beispiel ‚**starke Verben**' (**Tempusprofilierung**):

Hier geht es um die Vereinfachung des Ablautes für die Zeitstufen Präsens, Präteritum (und) Partizip II. Ziel war es wohl, jeder Zeitstufe nur eine Ablautform zuzubilligen und nicht etwa zwei (s. hier S. 121f.), also klare Signalebenen Präsens/ Präteritum zu bieten. Das führte zu einer neuen Ablautausrichtung der starken Verben. An der alten Ablautreihe I (s. hier S. 123) kann man nun sehr klar zeigen, dass bei deren Veränderung das Oberdeutsche (speziell das Schwäbische) vorangeht und das Obersächsische erst erheblich später (Zeitraum 1650-1700) folgt. Die Lutherbibel gibt noch längere Zeit hin Zeugnis von dieser obersächsischen Retardierung.

Das Beispiel ‚**Rückumlaut**':

Eine sprachhistorisch bedingte Entwicklung bei bestimmten schwachen Verben führt dazu, dass das Präteritum nicht nur durch -te sondern zusätzlich durch einen Vokalwechsel markiert wird: *brennen – brannte*. Das Mittelhochdeutsche kannte zahlreiche Beispiele, heute zählen nur noch sechs Verben dazu (s. hier S. 125f.). Dies hier ist ein weiterer Fall der Retardierung neuerer Ausgleichstendenzen im Ostmitteldeutschen. Beim Abbau dieses sog. Rückumlautes zeigt sich das Oberdeutsche in der Vorderhand. Dagegen sind in ostmitteldeutschen Texten bis weit in das 18. Jh. hinein Rückumlautbelege über das heutige Maß hinaus belegt.

Das Beispiel ‚**Singular Präsens bei starken Verben**'

Mittelhochdeutsch (11.-14. Jh.) gilt: *ich nime/ du nimest/ er nimet*, heute haben wir: *nehme/ nimmst/ nimmt*. Im BONNER KORPUS (14.-17. Jh.) bleiben die oberdeutschen Schreiblandschaften beim alten *i/ i/ i*-Modell (s. hier S. 126f.). Das ganze mitteldeutsche Gebiet bricht diese strukturelle Vereinfachung auf mit der Abfolge *e/ i/ i*, die dann unsere heutige wird. Sie ist auch die Lutherische.

Das Beispiel ‚**Verbplural Präsens Indikativ**'

Hier heben sich im Frühneuhochdeutschen (14.-17. Jh.) landschaftlich mehr oder weniger zwei Gruppen ab: (1.) die Abfolge *-en/ -et/ -en*; (2.) Einheitsplural auf *-ent/ -ent/ -ent*. Im BONNER KORPUS lässt sich das Modell (1.) dem Ostmitteldeutschen, dem Ostfränkischen und wohl auch dem Hessischen zuordnen, das Modell (2.), der sog. Dentalplural, dem oberdeutschen Gebiet. Das (1.) Modell hatte sich im Zeitraum VII (1650-1700) schon voll durchgesetzt (s. hier S. 126f.). Diese Entwicklung war in Zeitraum III (1450-1500) schon weit gediehen. Luthers Flexionsformen entsprechen dem schon, seine Bibelversion stabilisiert die überlandschaftliche Verbreitung, nämlich Modell (1.) als heutige Norm. Das oberdeutsche Modell (2.) wurde für die Schriftsprache abgelehnt – es überlebte in Teilregionen oberdeutscher Mundarten (schwäbisch, alemannisch).

Die Kapitelüberschrift „‚Sprachschöpfer' oder ‚Nachzügler'?" bedarf noch einer Kommentierung. ‚Sprachschöpfer' wie ‚Nachzügler' sind Exzessivbezeichnungen des Konfessionsstreits. Sie beziehen sich auf Luther und sind beide der Sache nach falsch. Wenn man unter ‚Schöpfer' so etwas wie ‚Erschaffer' versteht, dann gilt, dass ein einzelner Mensch keine Sprache erschaffen kann, Sprache ist immer ererbt und zudem im Prinzip immer eine Gemeinschaftsleistung. ‚Sprachschöpfer' ist wohl ein missverständlicher Ausdruck für sprachmächtiger Förderer einer Sprache, und das war auch wohl im protestantischen Lager gemeint, von dem der Ausdruck stammt.

Es schwingt in dem Ausdruck aber vielleicht noch etwas mehr mit als nur ‚Sprachausbau', etwa die sprachliche Verschiebung des Schwerpunktes von Süden in die Mitte des Sprachgebietes, gekoppelt mit einer neuen Allianz-Schreibsprache der mittleren östlichen Regionen.

Glorifizierung wie auch Verdammung durchziehen die Jahrhunderte. Das diesbezügliche ‚kulturelle Gedächtnis' unserer (Sprach-)Gemeinschaft war und ist bis in jüngere Zeit hinein konfessionell gespalten. Negative Einschätzungen von katholischer Seite waren am Anfang und sodann in der Gegenreformation besonders greifbar. Frühe Beispiele finden sich etwa in Kapitel IV.

Die Bezeichnung ‚Nachzügler' stammt nicht aus dem typischen Konfessionsmilieu katholischer Prägung, sondern von einem Wissenschaftler, von Konrad Burdach, 1891.[76] Sie steht im Zusammenhang mit seiner Prag-These (s. hier Kap. VIII, S. 98f.). Burdach sieht die Anfänge der deutschen Schriftsprache um 1350 am Hof Kaiser Karls IV. in Prag gegeben. Luther ist der Spätere, der ‚Nachzügler'. Für Arno Schirokauer, einen weiteren Wissenschaftler, ist Luther einer, der den „Pöbel-Jargon der Handwerker, Marktweiber und Bauern" in die Bibel einführte. „Ihm diente die Sprache, aber niemandem nach ihm."[77] Noch 1976 beruft sich ein Germanistenkollege (Hugo Stopp) mehrfach und offensichtlich zustimmend auf die negative Einschätzung einer Sprachwirkung Luthers durch Virgil Moser. „Konnte denn die so viel gerühmte ‚Luthersprache' überhaupt sprachnorm für andere sein? Wir können die frage rundweg mit ‚Nein' beantworten." In solcher Sicht war schon um 1600 „Luthersprache an jedem ort und zu jeder zeit etwas anderes und nur eine schöne fiction der anhänger der reformation[...]" und um 1650 „als realer begriff längst tot[...]".[78]

Diese frühe Totsagung der ‚Luthersprache' ist vor dem Hintergrund des in diesem Buch vermittelten Forschungsstandes ein absolutes Fehlurteil. Die Sprachwirkung Luthers ist unübersehbar. Sie wurde durch einige Gegebenheiten entschieden begünstigt. Da ist die unbestrittene Sprachmächtigkeit, sein *ingenium bonum*, als Glücksfall, aber das allein hätte in damaliger Zeit weder die Reformation allein vorangebracht, noch die räumlichen Barrieren der deutschen Sprache überwunden. Es mussten ganz offensichtlich generelle, vor allem zeittypisch einmalige Gegebenheiten zusammentreffen, um zu ermöglichen, dass sich im 16. Jh. so umstürzend Neues für die Kirche und für die deutsche Sprache entwickeln konnte. Eine günstige Voraussetzung, in ihrer Bedeutung kaum überschätzbar, ist die geographische Mittellage zwischen Nord und Süd des ausgedehnten, vielfach untergliederten Sprachgebietes. Ein Luther in Kiel oder in Konstanz hätte sich sprachlich schwergetan, wäre wahrscheinlich gescheitert. Das mittlere Deutschland konnte eine Brückenfunktion übernehmen. Diese Funktion ist ansatzweise schon angelegt in der kanzleisprachlichen Allianz zwischen Obersachsen und dem kaiserlichen Bayern. Das ist wiederum eine begünstigende Vorgabe – und Luther weiß sich ihrer ganz bewusst zu bedienen, wie er selbst sagt. Der größte Wirkungsfaktor war aber die Textautorität der Bibel. Sie übertraf, nunmehr in der deutschen Fassung, Autoritäten welcher Art auch immer, überwand sprachgeographische und sozialschichtliche Grenzen in einem Ausmaß, wie man es nicht annehmen konnte.

Die rasch anwachsende Verbreitung der Bibel und des reformatorischen Schriftwerkes wurde zusätzlich durch den erstarkenden Buchdruck existentiell begünstigt. Es beginnt eine geistige Mündigsprechung des gemeinen Mannes und der Volkssprache, die Entdeckung des Individuums in seiner persönlichen Verantwortung vor Gott. Welche Sprengkraft müssen Luthers Worte 1520 in seiner Schrift „Von der Freiheit eines Christenmenschen" damals gehabt haben! Wer so schreibt in den Nöten und Zweifeln damaliger Zeit, dessen Sprache muss Wirkung gehabt haben tief in das Volk hinein. Luther ist ein großer Wirkfaktor in seiner Zeit und für die Sprache.

Für das 17. Jh. haben die Zeitzeugen, die Dirk Josten angeführt hatte (s. Kap. VII), schon den zunehmenden Spracheinfluss Luthers dargetan. Hier ist, ein gutes Jahrhundert vor Gottsched und Adelung und deren Mustervorstellungen ‚der südlicheren Kursächsischen Lande', noch der sog. Sprachgesellschaften zu gedenken. Das ‚sogenannt' soll andeuten, dass die Ziele der genannten Sozietäten sich als umfassender erweisen: „[I]hre sprach- und literaturreformerischen Bemühungen sind nicht Selbstzweck, sondern auch Werkzeug in einem übergreifenden Konzept moralischer und kultureller Erneuerung, die in Anbetracht der polit. und sozialen Misere der dt. Länder besonders dringlich erschien."[79] Die Selbstbezeichnung war ‚Gesellschaft' bzw. ‚Orden', durchaus in der Tradition der vorangehenden ritterlichen und humanistischen Gesellschaftsbildungen. Als unmittelbares Vorbild für die erste und bedeutendste deutsche Sozietät dieser Art, die ‚Fruchtbringende Gesellschaft' (gegr. 1617, Köthen), kann die italienische ‚Accademia della Crusca' (gegr. 1583, Florenz) gelten. Ludwig, Fürst von Anhalt-Köthen, Seele und Oberhaupt der Fruchtbringenden Gesellschaft bis 1650, war 1600 selbst zum Mitglied der Accademia in Florenz gewählt worden. Übernommen sind auch Elemente der Gesellschaftsorganisation; hier aufgezeigt für die Fruchtbringende Gesellschaft: Wie die Gesellschaft selbst erhält jedes gewählte Mitglied einen Namen, Sinnspruch und Emblem. Im Umgang miteinander war die Anrede mit dem Gesellschaftsnamen verbindlich, damit sollten die Standesunterschiede zurücktreten; die Sitzordnung richtete sich nicht nach Rang, sondern nach dem Aufnahmedatum. Solche Angaben erhalten ihre soziale Bedeutung angesichts der Tatsache, dass die meisten Gesellschafter von Adel, ein guter Teil aus dem höchsten protestantischen Adel Mittel- und Norddeutschlands kam, daneben eine kleine Gruppe Bürgerlicher (Dichter, Gelehrte) einbezogen war, die wiederum den größten Teil der Spracharbeit leistete. Die Zahl der Katholiken blieb allerdings verschwindend klein. Bedeutende Mitglieder unter Fürst Ludwig waren etwa: Opitz, Gueintz, Büchner, Harsdörffer, Schottel, Rist, Logau, Zesen u. a. m. Nach Fürst Ludwigs Tod (1650) traten von 1651-1662 Herzog Wilhelm IV. von Sachsen-Weimar und schließlich 1667-1680 Herzog August von Sachsen (Halle/S.) jeweils die Nachfolge als Oberhaupt an. Die Fruchtbringende Gesellschaft (1617-1680) hatte am Ende 890 Mitglieder aufgenommen. Mit ihren drei Stammsitzen Köthen/ Weimar/ Halle ist letztlich auch die sprachkulturelle Verortung dieser wichtigsten Sozietät im 17. Jahrhundert markiert. Unter der Gesellschaftsdevise einer universalen Nützlichkeit („Alles zu Nutzen") ist auch der Sprachdiskurs erwachsen. Er hat so etwas wie ein öffentliches Forum erhalten, ein Dienlichmachen der Muttersprache im fortschreitenden Zivilisationsprozess. Davon zeugt ein beachtliches Korpus brieflichen Austausches über wichtige Sprachfragen, herausgegeben für die drei Abteilungen Köthen, Weimar, Halle seit 1991 in mehreren Bänden; zudem eine Reihe II mit Dokumenten und Darstellungen.

Im Unterschied jedoch zur ‚Accademia della Crusca' und zur ‚Académie française' hat die ‚Fruchtbringende Gesellschaft' auf Dauer keine prägende Wirkung auf die Gestaltung der deutschen Sprachnorm ausgeübt, wenn man einmal von einer Orthographie und einem späteren Wörterbuch absieht. Sie hat aber unterschiedliche Sprachpositionen ans Licht gebracht und den Austausch gefördert. Großen Wert legte sie zudem auf vorbildliche Übersetzungsarbeit als Ausbaugewinn für die eigene Sprache.

Im 17. Jh. wurden noch einige weitere Sprachgesellschaften gegründet, die aber nicht die Bedeutung der Fruchtbringenden Gesellschaft erlangten.

Noch ein Hinweis: Günter Grass machte in „Das Treffen in Telgte" (1994) fiktiv den glänzenden Versuch, sich in ein Arbeitstreffen deutscher Barockdichter am Ende des 30jährigen Krieges hineinzudenken. Dabei kommen auch eine Reihe Mitglieder-Autoren der Fruchtbringenden Gesellschaft zu Wort.

XI. Der lange Weg zur Einheit der deutschen Sprache. Ein Rückblick

Frankreich und England beispielsweise sind uns in der Anbahnung und schließlichen Festlegung ihrer übergreifenden Landessprachen über viele Generationen voraus. Woher kommt das? Vielleicht verhilft uns eine knappe vergleichende Betrachtung, den einen oder anderen Grund für unsere ‚Verspätung', unseren ‚Sonderweg', zu erkennen.

Es fängt schon mit dem Namen an: *Französisch* geht auf die Franken, *Englisch* auf die Angeln zurück, einen Stammesnamen für Deutsch gibt es nicht. Ahd. *diutisk* (zu *diot, thiot*= Stamm, Volk) heißt „zum eigenen Volk gehörig", lat. *theodiscus*, germ./ fränk. wohl *Þeudisk*. Es ist sicher ein Abgrenzungswort zur römischen Welt hin im Zusammenhang mit einem nordwestgermanischen Sprachverband in der Merowingerzeit, aus dem sich dann seit dem frühen 8. Jh. jene Stammeseinheiten herauslösten, die nach und nach in handschriftlicher Überlieferung fassbar werden. Die althochdeutsche Zeit kennt Sprachbenennung nur im Stammesbezug. So redet Otfrid von Weißenburg in seiner Evangelienharmonie (865) davon, dass er das Lob Christi *in frenkisga zungun* gesungen habe. Erst bei Notker sowie im Annolied (ca. 1080) und dann bei Walther von der Vogelweide und in der sonstigen mittelhochdeutschen Dichtung wird *diutsch* stammesübergreifend benutzt, sprachlich wie auch gebietsmäßig. Gemeint ist damit ethnisch-kulturelle Gemeinschaft und Sprachverwandtschaft. Eine Sprach*einheit* stellt sich in der Schrift erst etwa nach einem Jahrtausend ein (ca. 1750), im Sprechen erst viel später und nur in bestimmten Domänen. Das muss man wissen: Die Bezeichnung *deutsch* ist langhin ein forderndes Programmwort, erst sehr spät eine Realität beschreibende Größe. Vor diesem Hintergrund werden Versuche von Teillösungen einer Spracheinheit verständlich und deren Scheitern auch weiter einsichtig.

Die Reihe möglicher Teillösungen, man kann auch sagen möglicher Ansätze überregionaler Reichweite, beginnt mit der Theorie

Müllenhoffs (1863) von einer kontinuierlichen Entwicklung vom 9.-16. Jh. an, gebunden hauptsächlich an die kaiserlichen Machtzentren, dargestellt in fünf Etappen (s. Abb. 16, S. 98). Ausgangspunkt sei der Hof Karls d. Großen auf rheinfränkischer Sprachgrundlage, so eine Art karolingischer Hofsprache. Dieser Ansatz wurde in der Fachwelt nicht weiter verfolgt. Der lange Zeitrahmen, wechselnde Herrschergeschlechter und große geographische Verschiebungen der Machtzentren sprechen gegen die Möglichkeit von wirklicher Kontinuität.

Die höfische Dichtersprache als literatursprachliche Koine

> Die herausragende sprachgeschichtliche Leistung des Mittelhochdeutschen ist [...] die Entwicklung des Deutschen zur artifiziellen Literatursprache. Diese Literatursprache ist weitestgehend gruppen- und textsortenbedingt und in keiner Weise irgendein Vorläufer der neuhochdeutschen Schriftsprache.[80]

Es geht um das 12. und 13. Jahrhundert. Von 1170 an handelt es sich zunächst um eine Art maasländisch-westmitteldeutsch-thüringischer Konvergenz, später verschiebt sich die Basis stärker nach Süden auf eine alemannisch-ostfränkische Basis. In diesem Rahmen einer ‚Dichtersprache' sind Tendenzen zu einem überregionalen Ausgleich spürbar, bedingt auch durch das Streben nach ‚reinen Reimen', aber der Reichweite und dem Grad der Regelung sind deutliche Grenzen gesetzt, schon innerhalb des Hochdeutschen. Die niederdeutschen Dichter gar hatten sich ganz auf das hochdeutsche Muster umzustellen, um überhaupt zur Kenntnis genommen zu werden. Mit dem Ende der Mittelhochdeutschen ‚Klassik' und ihrem z. T. überregionalen Mäzenatentum verlor sich dann dieses glanzvolle Muster sprachkunstbezogener hochdeutscher Gemeinsamkeit immer mehr auch in der Schrift, wo es wohl am deutlichsten in Erscheinung getreten war.

Sprache der Hanse

Die mittelhochdeutsche Dichtersprache war ein spezieller Konvergenz-Versuch im großen hochdeutschen Sprachgebiet. Die Sprache der Hanse kann als eine Teillösung von Sprachzusammenführung im großen niederdeutschen Sprachgebiet gesehen werden. Das Zentrum Lübeck scheint die Basis einer niederdeutschen Sprachkongruenz zu sein, wirksam vom 13.-17. Jahrhundert als Geschäfts- und Verkehrssprache der Hanse mit großer Bedeutung in Norddeutschland und in den Küstenregionen von den Niederlanden bis in das Baltikum. Vom späten 15. Jh. an dringt das Hochdeutsche zunehmend nach Norden vor und verdrängt in einem langen Prozess die Hansesprache und entsprechend die mittelniederdeutsche Schreibsprache. Der Abbau erfolgt vornehmlich zuerst auf der Schreibebene, danach auch sprechsprachlich. Luthers Bibelübersetzung wurde bis in die 1620er-Jahre in niederdeutscher Fassung gedruckt, sodann nur noch hochdeutsch. Damit sind wir im 17. Jh., in dem der Übergang des Niederdeutschen zum Hochdeutschen bereits in vollem Gange war. Das Problem der gesamtdeutschen Spracheinigung löste sich in diesem Fall zunehmend durch einen totalen ‚Sprachwechsel' Norddeutschlands.

Das Gemeine Deutsch

Gab es, ähnlich wie im Norden mit der Hansesprache, auch im Süden im oberdeutschen Gebiet des späteren Mittelalters und der frühen Neuzeit eine über den Dialekten stehende Schreibsprache? Belege von 1384 und 1464 deuten eine Bezeichnung *in gemeinen teusche* bzw. *schlechten gemainen teücz* für Texte an, die allgemein den Donauraum betreffen. Die Erstbelege sind wohl eher stilistisch im Sinne von ‚gewöhnlich, nicht herausgehoben' (*vulgaris*) zu verstehen als im Sinne von ‚allgemein, weit verbreitet, überregional'. Gleichwohl scheint sich im 15. Jh. ansatzweise eine Art donauländische Schreibsprache größerer Reichweite herauszubilden unter Einfluss der Kaiserlichen Kanzlei. In der späteren sprachlichen Auseinandersetzung im Gefolge der Reformation scheint sich das katholische Oberdeutschland wohl auf diese Basis zu beziehen.

Das ist mit Sicherheit auch die Traditionsbasis, auf die sich Bodmer 1755 (vgl. Anm. 45) in seiner angedeuteten Kritik an Luther bezieht.

Aber Luthers Deutsch der Bibel im Anschluss an die Kanzlei-Allianz Friedrichs des Weisen und Kaiser Maximilians drängt dann das Donauländische endgültig aus einer möglichen Favoritenrolle bei der abschließenden Klärung ‚Was ist Hochdeutsch?' heraus.

Die genannten Teillösungen waren jeweils zeitbedingt Notlösungen. Sie boten sprachlandschaftliche Brücken mit z. T. begrenzter Reichweite an. Für das weitreichende, heterogene Großgebiet deutscher Sprache gab es noch keine sprachliche Gemeinschaftslösung. Dieser Zustand reichte noch bis in das 16.-18. Jh. hinein.

Ein Blick in die englische Geschichte hinein lässt im Vergleich das Ausmaß der deutschen Verspätung erkennen.

London ist seit dem 12. Jh. Hauptstadt Englands. Unter den Tudors (1485-1603) wird von dort aus die königliche Machtstellung entschieden ausgebaut und unter den Stuarts beachtlich erweitert. London erreichte früh den Status eines politisch, wirtschaftlich und kulturell führenden Zentrums mit großer, auch sprachlicher Ausstrahlungskraft. So formte sich die Basis der englischen Nationalsprache, Sprechen wie der König oder die Königin, also Queen's/ King's English, wie man heute sagt – und damit die Sprache von *educated people* meint – sicher mit dem historischen Ausgangspunkt Hof, Zentrum der Macht und hohes Prestige.

Für Frankreich muss zum Vergleich nicht weit ausgeholt werden. Allein schon die Tatsache, dass noch im 17. und 18. Jh. der Adel und die Oberschicht in deutschen Landen öffentlich vor allem Französisch sprechen wie auch das übrige Europa und dass dies auch Friedrich der Große sein Leben lang tut – und im übrigen den künftigen deutschen Literaturbetrieb sehr pessimistisch einschätzt; allein schon diese Fakten lassen erkennen, wie weit in die Neuzeit hinein unsere ‚Verspätung' reicht. Die Ursache dafür tritt jetzt deutlich ans Licht: Es sind die unterschiedlichen Geschichtsabläufe, die ‚Vorsprung' und ‚Verspätung' einer überregionalen Spracheinigung hervorgebracht haben.

England und Frankreich haben je eine früh ausgebildete monozentrische Stabilität. Da ist das Herrschaftszentrum relativ früh und auf Permanenz festgelegt. Sprache, die sich dort ausbildet, hat hohes Prestige und setzt sich fraglos durch. Deutsche Geschichte ist weit mehr und sehr lange polyzentrisch geprägt – und die Sprache auch, anders kann es gar nicht sein.

Der Geschichtsablauf im großen deutschsprachigen Gebiet ist bis in unsere heutige Zeit hinein eher polyzentrisch geblieben. Darauf verweisen in Kapitel XII auch die drei staatlichen Varianten der deutschen Standardsprache. Auch die binnenstaatlichen Regulative der drei Länder verraten jeweils noch föderalistische Strukturen einer polyzentrischen Prägung. Also war in der frühen Neuzeit und später keine genuin politische Lösung in der Frage ‚Was ist Hochdeutsch?' zu erwarten. Das ‚Patt' der beiden verbliebenen Konkurrenten, des Mitteldeutschen und des Oberdeutschen, wurde gelöst durch einen Wechsel in der Autoritätshierarchie: göttliche Autorität statt weltlicher Autorität, Heilige Schrift/ Wort Gottes in einer religiös bestimmten Zeit anstelle eines Herrschaftszentrums mit sprachlicher Ausstrahlungskraft. Darin darf man den Hauptanstoß sehen, dass sprachlandschaftliche Grenzen endgültig überwunden wurden. Luthers Bibelübersetzung hat das bewirkt. Sie bewegt sich auf einer in die Mitte der deutschen Sprachregionen gehobenen Bahn und wird wirksam gestützt durch die erstaunliche parallel verlaufende kulturelle Entwicklung im mitteldeutschen Osten. Das führte letztlich die Entscheidung über die Ausrichtung unserer neuhochdeutschen Schriftsprache herbei.

Der abschließende Normausbau dieser Basis ist dann z. T. wieder Gemeinschaftswerk, wie in diesem Buch angedeutet werden konnte.

Karte der Übernahmezonen der nhd. Schriftsprache; Abbildungen zu Luther, zu seiner Bibel, zu Mitreformatoren in Wittenberg

Vorbemerkung

Aus drucktechnischen Gründen werden hier am Ende von Kapitel XI einige Farbabbildungen gebündelt wiedergegeben. Sie gehören unmittelbar zum Thema des Buches und sollen eine bildliche Andeutung vom Zeitkolorit vermitteln.

Die Zeitstufenkarte (Abb. 26) vermittelt ungefähr den Ablauf der regionalen Durchsetzung der neuhochdeutschen Schriftsprache. Es folgen sodann Abbildungen zum Wirkkreis Luthers in Wittenberg. Der Buchumschlag zeigt Martin Luther im Jahre 1528. Die Darstellung kommt aus der Cranachschen Werkstatt. Sodann sei an die Wartburg erinnert, wo Luther von Dezember 1521 bis März 1522 in nur elf Wochen das Neue Testament übersetzte.

Titelblätter von 1522, 1534 und 1545 zeigen den Fortgang der Bibelübersetzung, d. h. den Erstdruck des Neuen Testamentes (1522), den Erstdruck der Gesamtbibel (1534) und schließlich den maßgeblichen letzten Bibeldruck von 1545 noch zu Luthers Lebzeiten.

Luthers Gesamtbibel 1534 wurde unter der Verantwortung Johannes Bugenhagens in das Niederdeutsche übersetzt und erschien parallel schon Ende 1533 (s. Titelblatt). Über hundert Jahre lang war dies der Bibeltext für Millionen von Protestanten in Norddeutschland. Es folgen Abbildungen von Luthers engsten Freunden und Mitreformatoren in Wittenberg, die z. T. nur selten in den gegenwärtigen populären Lutherbüchern Aufnahme finden, wie etwa Melanchthon, Justus Jonas und Johannes Bugenhagen.

Zum Schluss werden mit Bezug auf Kap. IV noch zwei weitere Proben des 23. Psalms geboten, zum einen aus der niederdeutschen Bibel, zum anderen aus der Zürcher Zwingli-Bibel 1531.

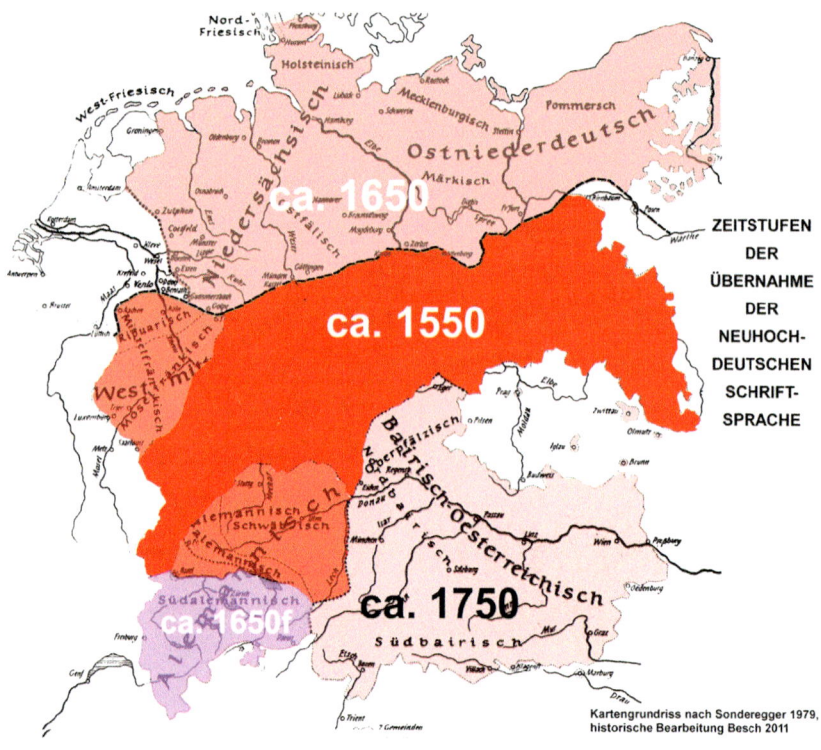

Abb. 26: Zeitstufen der Übernahme der Nhd. Schriftsprache (Erklärung dazu in: Vortrag W. Besch, Nordrhein-Westfälische Akademie d. Wissenschaften u. d. Künste, Vorträge G 436, Paderborn 2012).

Abb. 27: Martin Luther 1528, aus der Cranachschen Werkstatt.

Abb. 28: Wartburg-Panorama, Ostseite.

Abb. 29: Wartburg, Lutherzimmer. Hier entstand die Übersetzung des Neuen Testamentes (Dezember 1521 - März 1522). Ein Raum von epochaler Bedeutung für die deutsche Sprache.

Abb. 30: Titelblatt: Das Neue Testament. Deutsch. Wittenberg 1522.

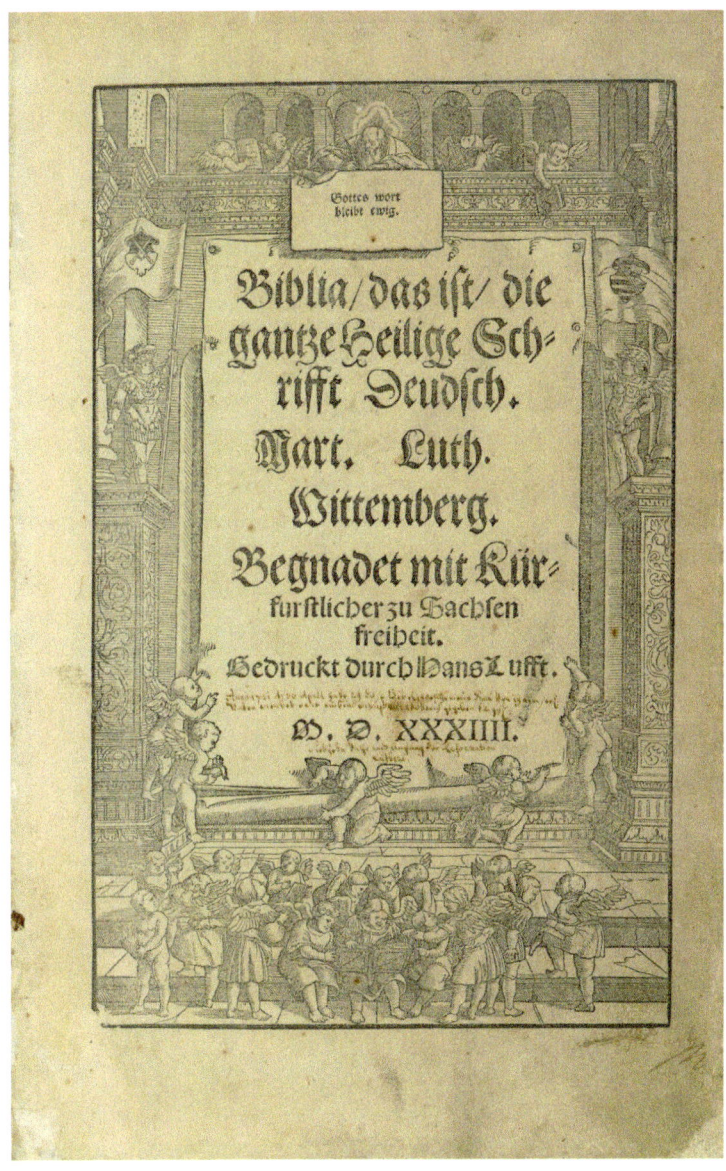

Abb. 31: Titelblatt: Biblia/ das ist/ die gantze Heilige Schrifft Deudsch. Mart. Luth. Wittemberg 1534.

Abb. 32: Titelblatt: Biblia: Das ist: Die gantze Heilige Schrifft/ Deudsch/ Auffs new zugericht. D. Mart. Luth. [...] Wittemberg M.D.XLV. [= 1545].

Abb. 33: Titelblatt der Übertragung der Lutherbibel 1534 in das Niederdeutsche [Übersetzung: Die Bibel aus der Auslegung Doktor Martin Luthers in dieses Deutsch fleißig übertragen/ mit besonderen Unterrichtungen/ wie man sehen kann. In der Kaiserlichen Stadt Lübeck bei/durch Ludwig Dietz gedruckt. 1533]. Die Übertragung muss parallel zum Wittenberger Druck 1534 erfolgt sein.

Abb. 34: Philipp Melanchthon (1497-1560), portraitiert 1526 von Albrecht Dürer.

Lehrstuhl für griechische Literatur 1518ff. an der Universität Wittenberg; lebenslange enge Freundschaft mit Luther; Anreger der Bibelübersetzung Luthers; Korrekturhilfe bei der lebenslangen Übersetzungsarbeit; maßgeblicher Mitreformator; Gedenkrede auf Luther 1546.
Übertragung der lateinischen Bildunterschrift: Die Gestalt des lebenden Philipp [Melanchthon] konnte Dürer abbilden, nicht (jedoch), bei aller Kunstfertigkeit, den (denkenden) Geist.

Abb. 35: Justus Jonas (1493-1555).

Jurist, Humanist, lutherischer Theologe. 1521f. Probst an der Wittenberger Schlosskirche. Anwalt der Reformatoren in rechtlichen Fragen; enger Freund Luthers; Trauzeuge bei der Hochzeit; Begleiter in dessen Sterbestunde am 18.02.1546 in Eisleben; dortige Leichenpredigt, Überführung des Toten nach Wittenberg.
Übertragung der lateinischen Bildunterschrift: Ein Eingeweihter des (weltlichen) Rechts war ich, den Eingeweihten schließlich der heiligen (Theologie) bringt zustande die heilige Lehrmeisterin des göttlichen Rechts.

Abb. 36: Johannes Bugenhagen (1485-1558), auch Pomeranus genannt.

1523f. Pfarrer an der Stadtkirche Wittenberg; Generalsuperintendent des sächsischen Kurkreises. Verfasser neuer Kirchenordnungen für viele Kirchenkreise Norddeutschlands und Skandinaviens. Vertrauter und Beichtvater Luthers. Trauung der Ehe Luthers; Taufe der Lutherkinder, Grabrede auf Luther neben Melanchthon, 1546.

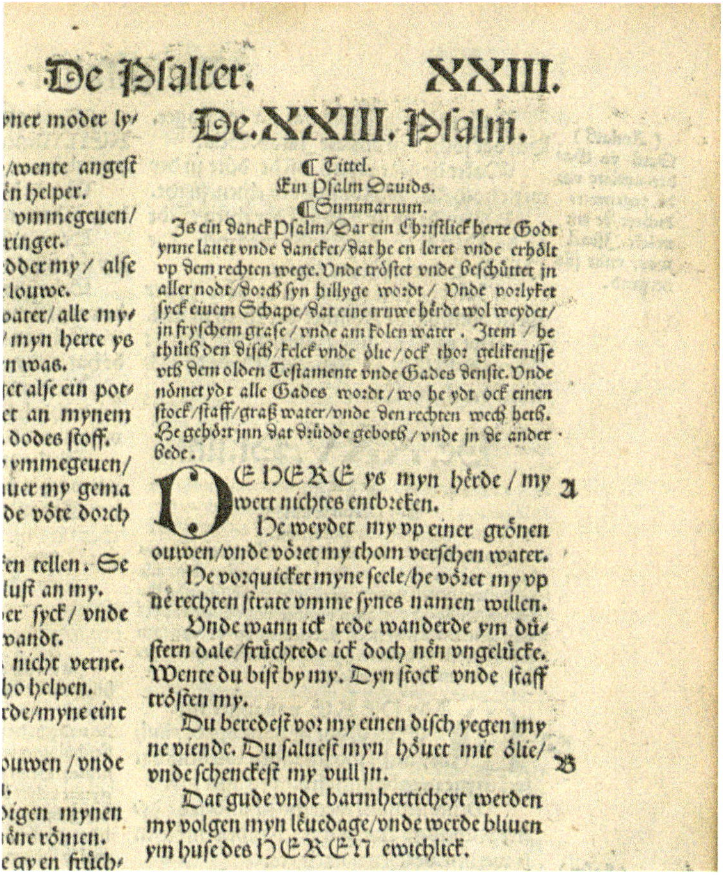

De Psalter. XXIII.

De.XXIII.Psalm.

❡ Tittel.
Ein Psalm Dauids.
❡ Summarium.
Is ein Danck Psalm/Dar ein Christlick herte Godt ynne lauet vnde dancket/dat he en leret vnde erhölt vp dem rechten wege. Vnde tröstet vnde beschüttet jn aller nodt/dorch syn hillyge wordt/ Vnde vorlyket syck einem Schape/dat eine truwe hérde wol weydet/ jn fryschem grase/vnde am kolen water. Item / he thuth den disch/kelck vnde ölie/ock thor gelikenisse vth dem olden Testamente vnde Gades denste. Vnde nömet ydt alle Gades wordt/wo he ydt ock einen stock/staff/graß water/vnde den rechten wech heth. He gehört jnn dat drüdde gebotb/vnde jn de ander bede.

DE HERE ys myn hérde/my wert nichtes entbreken.
He weydet my vp einer grönen ouwen/vnde vöret my thom verschen water.
He vorquicket myne seele/he vöret my vp de rechten strate vmme synes namen willen.
Vnde wann ick rede wanderde ym düsteren dale/fruchtede ick doch nén vngelücke. Wente du bist by my. Dyn stock vnde staff trösten my.
Du beredest vor my einen disch yegen myne viende. Du saluest myn höuet mit ölie/ vnde schenckest my vull jn.
Dat gude vnde barmherticheyt werden my volgen myn leuedage/vnde werde bliuen ym huse des HEREN ewichlick.

Abb. 37: Psalm 23 der niederdeutschen Bibel, Lübeck 1533.

Der xxij. Psalm.
Hebr. XXIII. Psalm.

¶ Titel.
Ein gsang Dauids.

¶ Innhalt.
Er lobt die grossen gütthaten Gottes/vnder der gleychnuß eines hirten der seine schaaff trüwlich weydet.

A **D**Er HERR hirtet mich / darumb manglet mir nichts.
Er macht mich in schöner weyd lüyen/vnd fürt mich zů stillen wassern.
Mit denen erfrischet er mein seel/ treybt mich auff den pfad der gerechtigkeyt vmb seynes namens willen.
Vnd ob ich mich schon vergienge in das göw des tödtlichen schattens/ so wurde ich doch nichts übels förchten dann du bist bey mir/zů dem tröstend mich deyn stäcken vnd stab.

B Du richtest mir ein tisch zů vor meynen feynden/ du begeüssest meyn haupt mit gesälb/vnd füllest mir meinen bächer.
So wölle deyn güte vnnd gnad ob mir halten meyn läben lang/ das ich in deynem hauß wonen möge ewigklich.

Abb. 38: Psalm 23 (22) aus der Zürcher Bibel von 1531.

XII. Abgesang: Daten später Normierungen und Festlegungen

Der ‚Abgesang' soll verstanden werden als das Ende einer langen Geschichte der Entwicklung zu einem gemeinsamen *Deutsch*. An diesem Ende stehen die abschließenden Normierungen für Orthographie und Aussprache, vollzogen am Ende des 19. Jhs, also ziemlich nahe an unserer Gegenwart. Noch ca. drei bis vier Generationen später, in der zweiten Hälfte des 20. Jhs, wird endgültig akzeptiert, dass das erreichte gemeinsame Deutsch allseitig nur anerkannt wird mit gewissen ‚polyzentrischen' Geburtsmerkmalen, also mit jeweils gleichwertiger Nennung als ‚staatliche' Variante der deutschen Standardsprache. Das wird im Folgenden noch ausgeführt. Zunächst die späten Normierungen:

Vereinheitlichung der Schreibung (Orthographienorm)

Wortschatz und Syntax entziehen sich naturgemäß einer rigiden Normierung, weniger die Flexionsmorphologie und die Orthographie. Das liegt am eher begrenzten Inventar der beiden zuletzt genannten Bereiche. Sie ermöglichen leichter eine zunehmende überlandschaftliche Regelung, und das wiederum kommt den Bedürfnissen des Schreibunterrichts an den Schulen und auch den Vorstellungen einer klaren Schreibnorm für nationale Schriftsprachen in Europa entgegen.

Für Deutschland ist in diesem Zusammenhang die späte Reichsgründung von 1871 zu vermerken.

Es sind die Orthographischen Konferenzen von 1876 und 1901, die die abschließende Schrifteinheit festgelegt haben. Davor gab es zwar schon weitgehende Annäherungen, beeinflusst von zahlreichen Grammatiker-Vorschlägen des 17. und 18. Jhs, aber im 19. Jh. immer noch Regelunterschiede im Schulbetrieb deutscher Territorialstaaten. Diese weitgehend zu beseitigen, das war das erklärte Ziel beider Konferenzen.

Die Orthographische Konferenz vom 4.-15. Januar 1876

Die Orthographische Konferenz vom 4.-15. Januar 1876 in Berlin kam auf Einladung des Königlich Preußischen Unterrichtsministeriums zustande. Beteiligt waren 14 Personen aus mehreren deutschen Staaten – Germanisten, Schulleute, Verleger und Ministerialbeamte. Als Grundlage dienten Rudolf von Raumers 1875 vorgelegten Vorschläge. Seine leitenden Gesichtspunkte plädierten für eine pragmatische Annäherung an Einheitlichkeit unter Wahrung des bisher Gewachsenen und dementsprechend auch für eine Abwehr von Orthographie-Prinzipienrigorismus, wie er von Fachleuten über eine lange Zeit hin diskutiert wurde (etwa historisches Prinzip/ phonetisches Prinzip). So hieß es etwa in den Vorschlägen v. Raumers: „Eine minder gute Orthographie auf gesamtdeutschem Sprachgebiet allgemein gültig ist besser als eine bessere Orthographie, gültig nur in Teilgebieten." Oder „Neuerungen sind an das Vorhandene anzuschließen."[81] Man wünscht größere Einheit und zeigt zugleich Respekt vor dem Gewachsenen, dem Usus. Die Kommission selbst führte einerseits Grundsatzdebatten (Regeln für Vokallänge und Vokalkürze; für die Schreibung der s-Laute; für Doppelschreibungen, etwa *Hilfe/ Hülfe*; für Fremdwortschreibungen u. a. m.), andererseits stimmte sie über die Schreibung gewisser Wörter ab, verzichtete bei Stimmengleichheit aber auch auf eine Festlegung.

Die Ergebnisse der Konferenz, Regeln und ein kleines Wörterverzeichnis, werden zum Gebrauch in den Preußischen Schulen veröffentlicht; andere Länder schließen sich an. Konrad Duden, Direktor des Königlichen Gymnasiums zu Hersfeld und selbst Mitglied der Berliner Kommission, erkannte bald, dass die Lehrer nur sehr mühsam mit den schmalen Ergebnis-Unterlagen der Berliner Konferenz zurechtkamen, und veröffentlichte 1880 sodann sein „Vollständiges Orthographisches Wörterbuch der deutschen Sprache", das in vielen Auflagen zum orthographischen Musterbuch geworden ist – bis zu Beginn der jüngsten Reform 1998-2006.

Die Orthographische Konferenz von 1901

Die Orthographische Konferenz von 1901, ebenfalls in Berlin, ist von Fachleuten als eine Art ‚Nachlese' zur Konferenz von 1876 bezeichnet worden. Grundsatzdiskussionen wurden vermieden, Doppelschreibungen von Wörtern teils beseitigt, teils belassen; die allgemeine Akzeptanz war wichtiger als potentiell strittige Einzellösungen. Nur die Streichung von *th* in allen deutschen Wörtern erlangte eine weitergehende Bedeutung, dann aber auch der Beitritt Österreichs und der (deutschsprachigen) Schweiz zum Regelwerk und die Erweiterung der Gültigkeit allgemein über den Schulbereich hinaus in den amtlichen Gebrauch der Behörden.

Die Fixierung und Durchsetzung einer Sprechnorm

Die Fixierung und Durchsetzung einer Sprechnorm im Deutschen war (und ist) noch weit schwieriger als die Fixierung und Durchsetzung der Schriftnorm. Dialektale Alltagssprache, regionale Umgangssprache, später auch großregional erweitert, war die Sprachnormalität des größten Teils der deutschen Sprachgemeinschaft von alters her bis an das 20. Jh. heran. Hochsprachlich dagegen anzukommen war die Not vieler Regionen, Gruppen und Individuen. Frühere Schulberichte beklagen häufig eine gewisse Hoffnungslosigkeit im Hinblick auf das Unterfangen, hochsprachliche Lautung zu vermitteln. Letztlich scheint eine vollständige Entregionalisierung der standardsprachlichen Lautnorm bis heute nicht völlig erreicht worden zu sein. (Heute fragen wir uns allerdings, ob das in extremer Form in jedem Fall auch von Nöten ist).

Die Lautung nach der Schrift als annehmbarer Ratschlag war für viele Generationen vom 18. Jh. an teils hilfreich, teils problematisch nach Lage der Dinge, denn Buchstaben lassen immer Variation in der Lautung zu. Die ist in der Regel bedingt durch Vorprägungen in der Ersterwerbssprache, sei es dialektal, regional oder fremdsprachlich. Ein vielfach bekanntes Beispiel ist etwa die Lautung lateinischer Liturgie in unterschiedlichen europäischen Sprachen.

In der Theaterwelt wurde die Aussprache irgendwann erkenntlich zum Problem, da an die Schauspieler besondere Anforderungen hinsichtlich einer klaren und überörtlichen Lautung zu stellen waren. Schon Goethe hatte 1803 entsprechende „Regeln für Schauspieler" formuliert. Der Paragraph I lautet:

> Wenn mitten in einer tragischen Rede sich ein Provincialismus eindrängt, so wird die schönste Dichtung verunstaltet und das Gehör des Zuschauers beleidigt. Daher ist das Erste und Nothwendigste für den sich bildenden Schauspieler, daß er sich von allen Fehlern des Dialekts befreie und eine vollständige reine Aussprache zu erlangen suche. Kein Provincialismus taugt auf die Bühne! Dort herrsche nur die reine deutsche Mundart, wie sie durch Geschmack, Kunst und Wissenschaft ausgebildet und verfeinert worden.[82]

Es gab also wohl schon einen überregionalen Lautungsanspruch, aber Genaueres wissen wir nicht. Er wird eher schriftgerichtet gewesen sein, denn eine überregional anerkannte Vorbildslautung eines Hofes oder sonst einer Gruppe hohen Prestiges ist nicht zweifelsfrei nachweisbar.

Für die Folgezeit kann dann eben wirklich gelten, dass im Deutschen eher Kommissionen als gewachsene Autoritäten die Endregeln bestimmen.[83]

Die Deutsche Bühnenaussprache-Konferenz 1898

Sie wurde zum 14.-16. April 1898 nach Berlin einberufen. Der Kommission gehörten drei Bühnen-Intendanten und drei Sprachwissenschaftler an (Sievers, Luick, Siebs), wobei Theodor Siebs (1862-1941) durch seine Vorarbeiten, besonders durch seine empirischen Notationen der Bühnenaussprache an verschiedenen Orten im Reich und durch die Herausgabe der Beratungsergebnisse im Auftrag der Kommission, eine leitende Funktion zukam.

Der Titel der abschließenden Publikation lautete: „Deutsche Bühnenaussprache. Ergebnisse der Beratungen zur ausgleichenden Regelung der deutschen Bühnenaussprache, die vom 14.-16. April 1898 im

Apollosaale des Königlichen Schauspielhauses zu Berlin stattgefunden haben. Im Auftrag der Kommission herausgegeben von Theodor Siebs. Berlin, Köln und Leipzig, 1898."

Die Ergebnisse wurden noch 1898 dem „Allgemeinen Deutschen Sprachverein" zur Begutachtung vorgelegt. Sie erhielten Zustimmung, teils auch Ablehnung.[84]

Allenthalben bestand wohl Skepsis, gegen die unterschiedliche Redepraxis in deutschen Landen überhaupt normativ ankommen zu können. Nur für die Bühnenaussprache schien ein Versuch am ehesten möglich zu sein. Für Siebs jedenfalls kam eine mechanische Übertragung der Bühnenaussprache auf die Alltagsrede nicht in Frage: „Das würde zu Geziertheit und Unnatur führen, es wäre nicht wünschenswert und würde auch kaum erreichbar sein."[85]. Aber genau diesen Weg ist man dann gegangen mit Einschränkungen auf eine „gemäßigte Hochlautung" mit weniger rigorosen Forderungen. Das geschah mit der umgearbeiteten 19. Auflage des ‚Siebs' 1969, nun unter dem Haupttitel „Deutsche Aussprache". Eine völlig neue empirische Grundlegung deutscher Aussprache in den 1980/90er-Jahren wurde nicht zu Ende gebracht. Sie ging von anerkannten Nachrichtensprechern der Medien und deren Akzeptanz in den Sprachregionen aus. Für Österreich und für die Schweiz hat die Berliner Kommission die Akzeptanz der Ergebnisse erschwert, weil in der gehobenen Aussprache dem hochdeutschen Lautstand in der Regel die einfachen niederdeutschen Lautwerte unterlegt wurden. Denn dort sind die Lautunterschiede (Oppositionen) noch klarer ausgeprägt als in den südlicheren Dialekten. Mit dieser prinzipiellen Begründung verband sich, ohne dass man das anstrebte, eine gewisse Verschiebung des Normvorbildes nach Norden. Bruno Boesch hat das aus Schweizer Sicht so empfunden und 1957 auch formuliert.[86] Ähnlich wurde es auch in Österreich und ebenfalls in den südlicheren Regionen Deutschlands empfunden.

In den neueren Bezeichnungen der Standardsprache in den drei Staaten auf deutschsprachigem Gebiet sind auch unterschiedliche Aussprachevarianten eingeschlossen.

Das Konzept der drei nationalen Varietäten der deutschen Standardsprache

Damit schließt sich der Kreis, in den Luther in gewisser Weise immer noch eingebunden ist, nämlich durch seine direkte und indirekte Teilhabe an der Herausbildung der neuhochdeutschen Schriftsprache. Der Grundkonsens einer gemeinsamen deutschen Standardsprache schließt ihn ein. Insofern reicht Luthers Spracheinfluss mittelbar auch in das neue Konzept der nationalen Varietäten.

Dieses Konzept, erstmals diskutiert in den 1980er-Jahren, vermittelt eine neue Sicht der Standardsprachen-Einschätzung für Deutschland, Österreich und für die deutschsprachige Schweiz. Der Grundkonsens einer gemeinsamen deutschen Standardsprache wird dabei letztlich nicht in Frage gestellt, aber gewisse Varianten – insbesondere, aber nicht nur, im Wortschatz – erhalten jeweils in jedem Staat für sich den Standardsprachenstatus, gelten also im Sinne einer nationalen Varietät.[87] Im Grunde entspricht das in angemessener Form dem polyzentrischen Entwicklungsmuster von Geschichte und Sprache im deutschsprachigen Raum Mitteleuropas. Davon war ja im vorliegenden Buch immer wieder einmal die Rede. In der Sprachgeschichtsschreibung des 20. Jhs wurde aber diese Sehweise für Österreich und die Schweiz nicht angewandt. Typische Varianten des Österreichischen bzw. des Schweizerdeutschen wurden als „österreichische" bzw. „schweizerdeutsche Besonderheiten" der deutschen Schriftsprache bezeichnet. Das vermittelt ein Modell von Zentrum und Peripherie, das so nicht der historischen Wirklichkeit entsprach. Die Schweiz z. B. ist markiert durch eine frühe eigenstaatliche Prägung (Eidgenossenschaft, 1499 faktisch aus dem Heiligen Römischen Reich ausgeschieden). Staats- und Verwaltungsgrenzen langer Dauer wirken auch sprachabgrenzend. Die deutschsprachige Schweiz hat sich auf einem langen Weg dem deutschen Grundkonsens einer Schriftsprache angeschlossen, aber Eigenes mitgebracht. Das sind keine „Besonderheiten" gegenüber einer zentralen Standardsprache, sondern das Ganze ist ihre gewachsene und gewählte Form von Standardsprache. Ähnliches gilt für Österreich. Damit ist jeweils Identität gewährleistet.

Wie vielfältig sprachliche Identität heute in allen drei Staaten, die Bundesrepublik Deutschland einbegriffen, aufscheint, zeigt das neue „Variantenwörterbuch des Deutschen" (2004).[88] Das ist gut so. Gut wäre in gleicher Weise, wenn neben der lebendigen Varietät der Grundkonsens einer verbindenden deutschen Standardsprache weiterhin Bestand hat.

Abbildungsverzeichnis

1 Deutsches Sprachgebiet bis 1945. Benennung der Sprachräume (nach S. Sonderegger 1979).
2 *schwester/ suster* (aus: Besch 1967, S. 112, Karte 20).
3 *demŭtekeit/ oetmoedicheit* (aus: Besch 1967, S. 153, Karte 38).
4 *kam/ quam* (aus: Besch 1967, S. 119, Karte 24).
5 *gan/ gen* (aus: Besch 1967, S. 82, Karte 4).
6 *oft/ dicke* (aus: Besch 1967, S. 154, Karte 39).
7 *minne/ liebe* (aus: Besch 1967, S. 193, Karte 54).
8 *die touf(e)*, bzw. *dope/ der touf* (aus: Besch 1967, S. 250, Karte 77).
9 Faksimile von Luthers Handschrift, 2. Tim. 3, 16. Entnommen Erwin Arndt/ Gisela Brandt: Luther und die deutsche Sprache. Leipzig ²1987.
10 Adam Petri, Basel 1523. Wortregister zu Luthers Neuem Testament.
11 Adam Petri, Basel 1525. Titelblatt NT (Luther). Mit Ankündigung des Registers ‚ausländischer' Wörter.
12 Johan Knobloch, Straßburg 1524. Titelblatt NT (ohne Nennung M. Luthers). Mit Übernahme des Basler Petri-Glossars.
13 Wortkonstanz in der Lutherbibel, Wortkonstanz in der Zürcher Bibel – mit spätem Übergang zur Lutherform.
14 Lutherbibel, Schleusingen 1694. Glossar alter und an vielen Örtern unbekannten deutschen Wörter.
15 Lutherbibel (NT), Tübingen 1815. Unbekannte oder altdeutsche Wörter und Bedeutungen derselben.
16 Die Theorie von der Kontinuität der Schriftsprache seit althochdeutscher Zeit (nach Müllenhoff 1863).
17 Die neuhochdeutsche Schriftsprache als Werk der Humanisten in Prag, 14. Jh., zweite Hälfte (Theorie von K. Burdach).
18 Die neuhochdeutsche Schriftsprache als gesprochene Ausgleichssprache im ostmitteldeutschen Siedlungsgebiet (Theorie von Th. Frings).

19 -e-/-ø-Verteilung im Plural gewisser Substantive. Die Zunahme/ Rücknahme der e-Apokope im Zeitablauf (aus: Gr.d.Frnhd. III, S. 184, Übersicht 21).

20 Die durch das Korpus repräsentierten Gebiete (aus: Gr.d.Frnhd. III, S. 52).

21 -e-/-ø-Verteilung im Plural gewisser Substantive (ehemals neutraler a-Stämme ohne Pluralmarkierung, s. Übersicht 22 aus Gr.d.Frnhd. III).

22 Auslautendes -e in ostmitteldeutschen Lutherbibel-Drucken 1522-1797 (nach Abb. 159.2 in Anm. 71).

23 Graphieinventar der mhd. Ablautreihe I ($\hat{\imath}$ – ei, $\hat{e}$ – i – i) (aus: Gr.d.Frnhd. IV, S. 235, Abbildung 21).

24 Flexionsendungen des Plurals in Zeitraum I (1350-1400) (aus: Gr.d.Frnhd. IV, S. 76, Abbildung 6).

25 Flexionsendungen des Plurals in Zeitraum VII (1650-1700) (aus: Gr.d.Frnhd. IV, S. 79, Abbildung 9).

26 Zeitstufen der Übernahme der neuhochdeutschen Schriftsprache (nach W. Besch 2012).

27 Martin Luther 1528. Cranachsche Werkstatt.
Nachweis: Stiftung Luthergedenkstätten in Sachsen-Anhalt.

28 Wartburg-Panorama, Ostseite [Nachweis: Urheber: Misburg3014; http://de.m.wikipedia.org/wiki/Datei:Wartburg-Panorama-Ostseite-2010.JPG].

29 Wartburg, Lutherzimmer.
Nachweis: Alexander Hauk [www.bayernnachrichten.de]

30 Titelblatt: Das Neue Testament Deutsch, Wittenberg 1522
Nachweis: Stiftung Luthergedenkstätten in Sachsen-Anhalt.

31 Titelblatt: Biblia/ das ist/ die gantze Heilige Schrifft Deudsch. Mart. Luth. Wittemberg MDXXXIIII [=1534].
Nachweis: Stiftung Luthergedenkstätten in Sachsen-Anhalt.

32 Titelblatt: Biblia: Das ist: Die gantze Heilige Schrifft/ Deudsch/ Auffs new zugericht. D. Mart. Luth. Begnadet mit Kurfürstlicher zu Sachsen Freiheit. Gedruckt zu Wittemberg/ Durch Hans Lufft. M.D.XLV. [=1545]. [Nachweis: Aufnahme: Thomas Schilling].

33 Titelblatt: De Biblie vth der vthlegginge Doctoris Martini Luthers yn dyth dŭdesche vlitich vthgesettet [= die Lutherbibel niederdeutsch]... Lŭbeck... M.D.XXXIII. [= 1533]. Nachweis: Bayerische Staatsbibliothek München; Signatur: Rar 868. [Online-Fassung: http://daten.digitale-sammlungen.de/bsb00051900/image_5].
34 Philipp Melanchthon (1497-1560), portraitiert 1526 von Albrecht Dürer [Nachweis: Germanisches Nationalmuseum, Nürnberg Foto: M. Runge].
35 Justus Jonas (1493-1555). Nachweis: Bibliothek des Evangelischen Predigerseminars Wittenberg.
36 Johannes Bugenhagen, auch Pommeranus genannt (1485-1558). Nachweis: Bibliothek des Evangelischen Predigerseminars Wittenberg.
37 Psalm 23 der niederdeutschen Bibel, Lübeck 1533 (s. für Herkunftsnachweis Abb. 33).
38 Psalm 23 (22) aus der Zürcher Bibel von 1531. Nachweis: Aufnahme: Thomas Schilling.

Anmerkungen

1 Martin Brecht: Martin Luther. Bd. 1: Sein Weg zur Reformation 1483-1521. 3. durchges. Aufl. Stuttgart 1990, S. 194.
2 Zitiert nach Dirk Josten: Sprachvorbild und Sprachnorm im Urteil des 16. und 17. Jahrhunderts. Sprachlandschaftliche Prioritäten. Sprachautoritäten. Sprachimmanente Argumentation. Frankfurt/M., Bern 1976 (Europäische Hochschulschriften, Reihe 1, Bd. 152), S. 106; vgl. auch Martin Brecht: Martin Luther. Bd. 3: Die Erhaltung der Kirche 1532-1546. Stuttgart 1987, S. 371 u. Anm. 7 dort.
3 Zur Terminologie: ‚Schreibsprache' meint alle Textproduktion vor der Existenz einer (überregionalen) Schriftsprache, gilt also vom Mittelalter bis in die Neuzeit hinein. ‚Schriftsprache' setzt die Einheit einer überregionalen Schriftsprache voraus, die spätestens um 1750 im Deutschen erreicht wurde.
4 Das bezieht sich vor allem auf die genannten Aspekte der Forschungsarbeit seit den 50er-Jahren. Natürlich gibt es weitere Untersuchungen und Detail-Klärungen in dieser Zeit, insbesondere zu den oberdeutschen Schreibsprachen, die indirekt in das Gesamtergebnis einbezogen werden können, hier aber nicht im Einzelnen behandelt sind.
5 Werner Besch: Sprachlandschaften und Sprachausgleich im 15. Jahrhundert. Studien zur Erforschung der spätmittelhochdeutschen Schreibdialekte und zur Entstehung der neuhochdeutschen Schriftsprache. München 1967 (Bibliotheca Germanica, Bd. 11).
6 Die hier gegebenen ersten Schlussfolgerungen werden in der Untersuchung Beschs (s. Anm. 5) vor dem Hintergrund des Gesamtmaterials weiter ausgeführt und begründet (vgl. S. 329-339, weiterführend S. 340-360).
7 Ludwig Erich Schmitt: Die Entstehung und Erforschung der neuhochdeutschen Schriftsprache. In: Zeitschrift für Mundartforschung 12 (1936), S. 193-223.
Ders.: Der Weg zur deutschen Hochsprache. In: Jahrbuch der deutschen Sprache 2 (1944), S. 82-121.
8 Walter Henzen: Schriftsprache und Mundarten. Ein Überblick über ihr Verhältnis und ihre Zwischenstufen im Deutschen. 2., neu bearb. Aufl. Bern 1954 (Bibliotheca Germanica, Bd. 5).
9 D. Martin Luthers Werke. Kritische Gesamtausgabe. Weimar 1883ff., hat vier Abteilungen, abgekürzt: WA= Abt. Schriften; WADB= Abt. Deutsche Bibel; WATR= Abt. Tischreden; WABr= Abt. Briefe.

10 Dieser Vorgang wird von Hans Moser durch eine gründliche Untersuchung des Kanzleiwesens und der Urkunden Kaiser Maximilians I. bestätigt.
Hans Moser: Die Kanzlei Maximilians I. Graphematik eines Schreibusus. Teil I: Untersuchungen. Teil II: Texte. Innsbruck 1977 (Innsbrucker Beiträge zur Kulturwissenschaft. Germanistische Reihe, Bd. 5/I und 5/II).
Im Vergleich mit der sächsischen Kanzlei wurden in der Tat große Annäherungen im Graphemsystem auf sprachsoziologisch hohem Niveau festgestellt (s. S. 284f.), zunehmend frei von regionalen Elementen, schwankend im Zeitablauf bezüglich des Anteils oberdeutscher und ostmitteldeutscher Teilelemente.

11 Gerhard Kettmann: Wittenberg – Sprache und Kultur in der Reformationszeit. Kleine Schriften. Hrsg. von Rudolf Große. Frankfurt/M. 2008 (Leipziger Arbeiten zur Sprach- und Kommunikationsgeschichte, Bd. 16).

12 Christoffel Walther, Korrektor des Wittenberger Buchdruckers Hans Lufft, fordert 1563, diesen erreichten Druck-Usus nicht zu ändern: „Mo̊cht aber einer sagen / Es ist im selben Lande die gewonheit also zu reden / schreiben vnd drůcken. Antwort / Gewonheit hin gewonheit her / Lutherus wil seine Sprach vnd Erbeit in seinen Bůchern vngeendert / vngetadelt vnd vngemeistert haben." Die Schrift von 1563 hat den Titel: „Bericht von vnterscheid der Biblien[...]" Wittenberg. 1569 erscheint eine polemische Schrift gegen das Frankfurter Verlegerkonsortium um Sigmund Feyerabend. 1571 folgt eine weitere Streitschrift Walthers gegen Sigmund Feyerabend, dem er falsche Angaben in seinen Bibelnachdrucken vorwirft: „Antwort auff Sigmund Feyerabends[...] falsches angeben[...]". Wittemberg, gedruckt durch Hans Lufft, 1571. In dem Zusammenhang ist auch an Luthers Warnung (1541) an die Drucker zu erinnern, wo es neben der Korrektheit aber in erster Linie um die Unrechtmäßigkeit von Raubdrucken geht. Informativ ist auch die Studie von Klaus Meiß: Streit um die Lutherbibel. Sprachwissenschaftliche Untersuchungen zur neuhochdeutschen Standardisierung (Schwerpunkt Graphematik) anhand Wittenberger und Frankfurter Drucke. Frankfurt/M. [u. a.] 1994.

13 Virgil Moser: Historisch-grammatische Einführung in die frühneuhochdeutschen Schriftdialekte. Halle/S. 1909, S. 51-52 [Neudruck, Darmstadt 1971].

14 Hugo Stopp: Schreibsprachwandel. Zur großräumigen Untersuchung frühneuhochdeutscher Schriftlichkeit. München 1976 (Schriften der Philosophischen Fachbereiche der Universität Augsburg, Nr. 6), S. 71.

15 Theodor Frings: Sprache und Geschichte III. Mit Beiträgen von Käthe Gleißner, Rudolf Große, Helmut Protze. Halle/S. 1956 (Mitteldeutsche Studien, Bd. 18), S. 8.
16 Heinrich Bach: Die Rolle Luthers für die deutsche Sprachgeschichte. In: Werner Besch/ Oskar Reichmann/ Stefan Sonderegger (Hrsg.): Sprachgeschichte. Ein Handbuch zur Geschichte der deutschen Sprache und ihrer Erforschung. 2. Halbbd. Berlin, New York 1985 (Handbücher zur Sprach- und Kommunikationswissenschaft, 2.2), S. 1440-1447, hier S. 1443.
17 Johannes Erben: Synchronische und diachronische Betrachtungen im Bereiche des Frühneuhochdeutschen. In: Sprache – Gegenwart und Geschichte. Düsseldorf 1968 (Sprache der Gegenwart 5), S. 220-237.
Ders.: Luther und die neuhochdeutsche Schriftsprache. In: Friedrich Maurer/ Heinz Rupp (Hrsg.): Deutsche Wortgeschichte. Bd. I. 3., neubearb. Aufl. Berlin, New York 1974, S. 509-581.
18 Vgl. Albrecht Beutel (Hrsg.): Luther Handbuch. 2. Aufl. Tübingen 2010, S. 258. Dort der lat. Text und diese Übersetzung; Quelle: WATR 3; 598, 9-15.
19 Diese Abfolge der Übersetzungsdaten ist von Stefan Sonderegger: Geschichte deutschsprachiger Bibelübersetzungen. In: Werner Besch/ Anne Betten/ Oskar Reichmann/ Stefan Sonderegger (Hrsg.): Sprachgeschichte. Ein Handbuch zur Geschichte der deutschen Sprache und ihrer Erforschung. 1. Teilbd. 2., vollst. überarb. u. erw. Aufl. Berlin, New York 1998 (Handbücher zur Sprach- und Kommunikationswissenschaft, 2.1), S. 229-284, hier S. 260f., übernommen. Dieser Artikel bietet umfassende Informationen über alle Ansätze deutschsprachiger Bibelübersetzungen seit dem 8. Jh.
20 Gerhard Ebeling: Luther. Einführung in sein Denken. Tübingen 1964, S. 16f. [Den Hinweis auf Ebeling verdanke ich Stefan Sonderegger, s. hier Anm. 19, S. 260].
21 Weitere Hinweise bei Sonderegger, s. hier Anm. 19, S. 244.
22 Vgl. Wilhelm Walther: Die deutsche Bibelübersetzung des Mittelalters. Erster bis dritter Teil. Braunschweig 1889-1892 [Nachdruck, Nieuwkoop 1966].
23 Vgl. Sonderegger, hier Anm. 19, S. 246.
Als eine Probe der gegenreformatorischen Kritik sei aus der Vorrede Dietenbergers in der Bibel von 1534, gedruckt in Mainz (Exemplar der Universitätsbibliothek Bonn), zitiert:

[...] vil vñ mancherley Spaltung in teutscher natiō / v. durch etliche vil pseudochristen, Secktenmei(n)ster / falsche Brüder vñ Prophetē[...] Die Bibeln also gantz in vnsern tagen verwüstet / verunreinigt / verderbt vnd vntüchtig worden ist[...] der latinisch text[...] nit allein vbel verteutschet wirt / sonder auch dick vñ vil felschlich außgelegt / gemartert / geradbrecht zerrissen / zerschlissen / verruckt / zerstuckt/ verkeret / verendert / gemeret / gekürtzet durch zůsatz vnd absatz / mit vnchristlichen glosen vnd annotationen besudelt / verwirret / verwicklet / vertunckelt / vnd in summa also auß der rechten bahn gezogen / das der gemein christ nit wol wissen kan / was er doch sol für die rechten Bibel halten[...]

Johannes Eck, Luthers Gegner in der Leipziger Disputation 1519, hat seine Bedenken gegen eine Bibelübersetzung ausführlich in seiner Widmung an Kardinal Matthäus Lang, Erzbischof von Salzburg, dargelegt (vgl. Ausstellungskatalog zum 500. Geburtstag Dr. Ecks, hrsg. von der Stadt Ingolstadt 1986, S. 90f.). Er habe aber dann doch die Übersetzung übernommen, um gegen die *allenthalb gefälschten* Bibeln anzugehen.

24 Die Belege aus dem ‚Sendbrief' sind wegen leichterer Zugänglichkeit zitiert nach Hans-Ulrich Delius: Martin Luther, Studienausgabe. 6 Bände, 1979-1999, Ev. Verlagsanstalt Berlin, Leipzig; hier Bd. 3, 1983, S. 477-496.

25 Friedhelm Debus: Luther als Sprachschöpfer. Die Bibelübersetzung in ihrer Bedeutung für die Formung der deutschen Schriftsprache. In: Friedhelm Debus: Kleinere Schriften. Bd. 1. Hildesheim, Zürich, New York 1997, S. 33-63.

Da Hebräischkenntnisse für Viele nicht gegeben sind, hat Debus statt des hebr. Urtextes eine wörtliche Expertenübersetzung vermittelt. So können die deutschen Texte, neben der Vulgata, eben auch mit dem Urtext verglichen werden.

26 Herbert Wolf (Hrsg.): Luthers Deutsch. Sprachliche Leistung und Wirkung. Frankfurt/M. [u. a.] 1996 (Dokumentation Germanistischer Forschung, Bd. 2).

27 Jacob Grimm: Vorrede zu seiner Deutschen Grammatik, 1822.

28 So übersetzt es in seinem Beitrag Herbert Wolf: Luthers sprachliche Selbstbeurteilungen. In: Zeitschrift für deutsche Philologie 115 (1996), S. 349-370. Die Zusammenstellung war hilfreich für die Ausführungen hier.

29 Johannes Erben: Luthers Bibelübersetzung. In: Knut Schäferdiek (Hrsg.): Martin Luther im Spiegel heutiger Wissenschaft. Bonn 1985 (Studium Universale, 4), S. 33-50.

30 Stefan Sonderegger: Martin Luthers Ringen um den deutschen Vaterunser-Text. Eine philologische Studie mit einem Vergleich zwischen Notker von St. Gallen und Luther. In: Friedhelm Debus/ Hartig, Joachim (Hrsg.): Festschrift für Gerhard Cordes zum 65. Geburtstag. Bd. 2. Neumünster 1976, S. 403-425.
31 Textproben Sondereggers sind auch wiedergegeben in W. Beschs Artikel 123: Die Rolle Luthers für die deutsche Sprachgeschichte. In: Werner Besch/ Anne Betten/ Oskar Reichmann/ Stefan Sonderegger (Hrsg.): Sprachgeschichte. Ein Handbuch zur Geschichte der deutschen Sprache und ihrer Erforschung. 2. Teilbd. 2., vollst. überarb. u. erw. Aufl. Berlin, New York 2000 (Handbücher zur Sprach- und Kommunikationswissenschaft,2.2), S. 1713-1745, hier 1730f. Auf S. 1737f. finden sich auch Angaben über die Analysen weiterer Textstücke, hier folgend.
32 Birgit Stolt: Revisionen und Rückrevisionen des Luther-NT aus rhetorisch-stilistischer Sicht. In: Barbara Sandig (Hrsg.): Stilistisch-rhetorische Diskursanalyse. Tübingen 1988 (Forum Angewandte Linguistik, Bd. 14), S. 11-40, hier S. 19.
   Dies.: Martin Luthers rhetorische Syntax. In: Gert Ueding/ Walter Jens (Hrsg.): Rhetorik zwischen den Wissenschaften. Tübingen 1991, S. 207-220.
33 Werner Besch: Zur Entwicklung der deutschen Interpunktion seit dem späten Mittelalter. In: Kathryn Smits/ Werner Besch/ Victor Lange (Hrsg.): Interpretation und Edition deutscher Texte des Mittelalters. Festschrift für John Asher zum 60. Geburtstag. Berlin 1981, S. 187-206.
34 Vgl. hier Anm. 32; Stolt 1988, S. 15f.
35 Birgit Stolt hat dies genauer beschrieben in Artikel 43 des Handbuchs Sprachgeschichte: Historische Textologie. In: Werner Besch/ Anne Betten/ Oskar Reichmann/ Stefan Sonderegger (Hrsg.): Sprachgeschichte. Ein Handbuch zur Geschichte der deutschen Sprache und ihrer Erforschung. 1. Teilbd. 2., vollst. überarb. u. erw. Aufl. Berlin, New York 1998 (Handbücher zur Sprach- und Kommunikationswissenschaft, 2.1), S. 786-797.
36 Heinrich Bornkamm: Luther als Schriftsteller, Heidelberg 1965 (Sitzungsberichte der Heidelberger Akademie der Wissenschaften, 1. Abhandlung).
37 Johannes Erben: Luther und die neuhochdeutsche Schriftsprache. In: Friedrich Maurer/ Heinz Rupp (Hrsg.): Deutsche Wortgeschichte. Bd. I. 3., neubearb. Aufl. Berlin, New York 1974, S. 509-581.
38 Hier ist Bezug genommen auf mehrere Beiträge:

Johannes Erben: Die sprachgeschichtliche Stellung Luthers. Eine Skizze vom Standpunkt der Syntax. In: PBB(H) 76 (1954), S. 166-179 [Wiederabdruck in Wolf 1996, S. 177-189; s. hier Anm. 26].
Ders.: Grundzüge einer Syntax der Sprache Luthers. Vorstudie zu einer Luther-Syntax, zugleich ein Beitrag zur Geschichte der deutschen Hochsprache und zur Klärung der syntaktischen Grundfragen. Berlin 1954.
Literatursprache im Zeitalter der frühbürgerlichen Revolution. Untersuchungen zu ihrer Verwendung in der Agitationsliteratur. Hrsg. v. einem Autorenkollektiv unter der Leitung von Gerhard Kettmann/ Joachim Schildt. Berlin 1978 (Bausteine zur Sprachgeschichte des Neuhochdeutschen, Bd. 58).

39 Johannes Cochlaeus: Commentaria de actis et scriptis M. Lutheri Saxonis, 1549. Übersetzung aus K. Kaulfus Diesch: Das Buch der Reformation. Geschrieben von Mitlebenden. 5., durch ein Register verm. Aufl. Leipzig 1917. Diese Lutherbiographie hat über lange Zeit hin das katholische Lutherbild maßgeblich bestimmt.

40 Wilibald Grimm: Die Lutherbibel und ihre Textrevision. In: Franz von Holtzendorff/ Wilhelm Oncken (Hrsg.): Deutsche Zeit- und Streitfragen. Flugschriften zur Kenntnis der Gegenwart. Jg. III. Berlin 1874, S. 21.

41 Vgl. Friedrich Kluge: Von Luther bis Lessing. 5., durchges. Aufl. Leipzig 1918, S. 105. Seite 106f.: Abdruck des Glossars mit 199 Wörtern.

42 Vgl. Heimo Reinitzer: Biblia deutsch. Luthers Bibelübersetzung und ihre Tradition. Wolfenbüttel, Hamburg 1983, S. 221.

43 Die Eidgenossenschaft ist 1499 faktisch aus dem Heiligen Römischen Reich ausgeschieden.

44 Stefan Sonderegger: (Artikel 190) Aspekte einer Sprachgeschichte der deutschen Schweiz. In: Werner Besch/ Anne Betten/ Oskar Reichmann/ Stefan Sonderegger (Hrsg.): Sprachgeschichte. Ein Handbuch zur Geschichte der deutschen Sprache und ihrer Erforschung. 3. Teilbd. 2., vollst. überarb. u. erw. Aufl. Berlin, New York 2003 (Handbücher zur Sprach- und Kommunikationswissenschaft, 2.3), S. 2825-2888.

45 In: Johann Jakob Bodmer: Neueste Sammlungen vermischter Schriften. Dritten Bandes. Zweites Stůk. Zürich, bey Johann Kaspar Ziegler. MDCCLV, S. 303-323 [Wiederabdruck, Zürich 1768 in Bodmers „Grundsätze der deutschen Sprache."].

46 Werner Besch/ Anne Betten/ Oskar Reichmann/ Stefan Sonderegger (Hrsg.): Sprachgeschichte. Ein Handbuch zur Geschichte der deutschen Sprache und ihrer Erforschung. 3. Teilbd. 2., vollst. überarb. u. erw. Aufl.

Berlin, New York 2003 (Handbücher zur Sprach- und Kommunikationswissenschaft, 2.3): Artikel 191: Aspekte einer Sprachgeschichte des Bayerisch-Österreichischen bis zum Beginn der frühen Neuzeit (Ingo Reiffenstein), S. 2889-2942. Artikel 192: Aspekte einer bayerischen Sprachgeschichte seit der beginnenden Neuzeit (Ingo Reiffenstein), S. 2942-2971. Artikel 193: Aspekte einer österreichischen Sprachgeschichte der Neuzeit (Peter Wiesinger), S. 2971-3001.

47 Vgl. Heimo Reinitzer: Die Revision der Lutherbibel im 16. und 17. Jahrhundert. In: Wolfenbütteler Beiträge, 6 (1983), S. 299-335. (Als Anhang ist hier das Schleusinger Glossar von 1691 abgedruckt).

48 Werner Besch: Wortschatzwandel in den deutschen Bibeldrucken der frühen Neuzeit. In: Klaus J. Mattheier (Hrsg.): Gesellschaft, Kommunikation und Sprache Deutschlands in der frühen Neuzeit. Studien des deutsch-japanischen Arbeitskreises für Frühneuhochdeutschforschung. München 1997, S. 23-39 [Wiederabdruck in: Werner Besch: Deutsche Sprache im Wandel. Kleine Schriften zur Sprachgeschichte. Frankfurt/M. 2003, S. 397-412].

49 Vgl. Werner Besch: Wider den Stachel löcken (lecken). In: Gerald F. Carr/ Wayne Harbert/ Lihua Zhang (Hrsg.): Interdigitations: Essays for Irmengard Rauch. New York 1999, S. 247-256 [Wiederabdruck in: Werner Besch: Deutsche Sprache im Wandel. Kleine Schriften zur Sprachgeschichte. Frankfurt/M. 2003, S. 431-441].

50 Johannes Bödiker: Grund-Sǎze der Teutschen Sprache (1690, ²1701, ³1709, ⁴1723) mit dessen eigenen und Johann Leonhard Frischens vollständigen Anmerkungen. Durch neue Zusätze vermehret von Johann Jacob Wippel. Berlin 1746. (Nachdruck Leipzig 1977).
Carl Friedrich Aichinger: Versuch einer teutschen Sprachlehre [...]. Frankfurt, Leipzig 1754.
Ders.: Unvorgreiffliche Vorschläge, die teutsche Bibel nach der Uebersetzung des seel. D. Luthers betreffend, nebst einer Vorrede von den Verdiensten D. Luthers um die teutsche Sprache. Regensburg 1774.

51 Dietrich von Stade: Erläuter- und Erklǎrung etlicher teutschen Wörter in Lutheri teutscher Uebersezung der Bibel. Stade 1711.

52 Reinhold Bechstein: Zur Geschichte der deutschen Schriftsprache. In: Franz Pfeiffer (Hrsg.): Germania 8. Vierteljahrsschrift für deutsche Altherthumskunde. Wien 1863, S. 462-465.

53 Dirk Josten: Sprachvorbild und Sprachnorm im Urteil des 16. und 17. Jahrhunderts. Sprachlandschaftliche Prioritäten. Sprachautoritäten. Sprach-

immanente Argumentation. Frankfurt/M., Bern 1976 (Europäische Hochschulschriften, Reihe 1, Bd. 152).

54 Die Nennung der Gliederungspunkte übernehme ich zitierweise aus Josten 1976, S. 11 (s. Anm. 53). Ebenso die auf S. 11 sich anschließende erste Kommentierung als Verständnishilfe für die späteren z. T. tabellarisch gebotenen Überblicksergebnisse.

55 Karl Müllenhoff/ Wilhelm Scherer (Hrsg): Denkmäler deutscher Poesie und Prosa aus dem VIII.-XII. Jahrhundert. 2. Aufl. 1863 (Vorrede zum 1. Bd., S. XXXf.).

56 Konrad Burdach: Die Einigung der neuhochdeutschen Schriftsprache. Halle 1884 (Habilitationsschrift, Teildruck). Vgl. auch Vorspiel I,2 (1925).

57 Theodor Frings: Die Grundlagen des Meißnischen Deutsch. Halle/S. 1936. Vgl. auch: Jahrbuch der deutschen Sprache, Bd. 2, Leipzig 1944, S. 67f.

58 Vgl. Walter Hoffmann/ Friedrich Wetter: Bibliographie frühneuhochdeutscher Quellen. Ein kommentiertes Verzeichnis von Texten des 14.-17. Jhs. (BONNER KORPUS), bearb. v. Walter Hoffmann/ Friedrich Wetter mit einem Geleitwort von Werner Besch. 2., überarb. Aufl. Frankfurt/M. 1987. (EH Reihe I, Deutsche Sprache und Literatur 869).

Die Initiatoren des BONNER KORPUS waren Werner Besch/ Winfried Lenders/ Hugo Moser. Sie waren auch Projektleiter der ersten großen DFG-finanzierten Auswertung des BONNER KORPUS für die Flexionsmorphologie des Frühneuhochdeutschen. Ein weiteres Auswertungsprojekt galt der ‚Wortbildung im Frühneuhochdeutschen' unter der Leitung von Johannes Erben und Werner Besch.

59 Grammatik des Frühneuhochdeutschen. Beiträge zur Laut- und Formenlehre. Hrsg. von Hugo Moser/ Hugo Stopp/ Werner Besch:
Bd. III: Flexion der Substantive von Klaus-Peter Wegera. Heidelberg 1987.
Bd. IV: Flexion der starken und schwachen Verben von Ulf Dammers/ Walter Hoffmann/ Hans-Joachim Solms. Heidelberg 1988.
Bd. VI: Flexion der Adjektive von Hans-Joachim Solm/ Klaus-Peter Wegera. Heidelberg 1991.
Bd. VII: Flexion der Pronomina und Numeralia von Maria Walch/ Susanne Häckel. Heidelberg 1988.
Betreut von Hugo Stopp legte Ulrike Gießmann 1981 „Die Flexion von *gehen* und *stehen* im Frühneuhochdeutschen". Heidelberg 1981 (Germanische Bibliothek, Reihe 3, Untersuchungen) vor.

60 Vgl. Hans-Joachim Solms: Die morphologischen Veränderungen der Stammvokale der starken Verben im Frühneuhochdeutschen. – Untersucht an Texten des 14.-18. Jhs. Diss. phil. Bonn 1984.
61 Vgl. Heinz-Peter Prell/ Marietheres Schebben-Schmidt: Die Verbableitung im Frühneuhochdeutschen. Berlin, New York 1996 (Sammlung Germanistische Linguistik, Bd. 41).
62 Gerhard Kettmann/ Joachim Schildt (Hrsg.): Zur Ausbildung der Norm der deutschen Literatursprache auf der syntaktischen Ebene (1470-1730). Der Einfachsatz. Berlin 1976 (Bausteine zur Sprachgeschichte des Neuhochdeutschen, Bd. 56/1), S. 15.
63 Joachim Schildt: Aspekte des Sprachwandels in der deutschen Literatursprache. Berlin 1992.
64 Rudolf Bentzinger: Methodologische Fragen und Ergebnisse sprachhistorischer Forschungen in den ‚Bausteinen zur Sprachgeschichte des Neuhochdeutschen'. In: Rudolf Bentzinger/ Norbert Richard Wolf (Hrsg.): Arbeiten zum Frühneuhochdeutschen. Gerhard Kettmann zum 65. Geburtstag. Würzburg 1993, S. 18-30.
65 Die Entwicklung der Großschreibung im Deutschen von 1500-1700. Unter der Leitung von Rolf Bergmann und Dieter Nerius. Bearb. v. Rolf Bergmann [u. a.]. 2 Bde. Heidelberg 1997 (Germanische Bibliothek, 3. Reihe. NF Bd. 29/1 und 29/2).
66 I= 1350-1400; II= 1400-1450; III= 1450-1500; IV= 1500-1550; V= 1550-1600; VI= 1600-1650; VII= 1650-1700 (die 50er Zeiträume II, IV und VI sind in den vorliegenden Untersuchungen ausgespart).
67 Rudolf Hotzenköcherle: Entwicklungsgeschichtliche Grundzüge des Neuhochdeutschen. In: Wirkendes Wort 12 (1962), S. 321-331.
68 Augustin Dornblüth: Observationes [...]. Augsburg 1755. (referiert nach: Friedrich Kluge: Von Luther bis Lessing. Sprachgeschichtliche Aufsätze. 5. Aufl. Straßburg 1918, S. 241f.).
69 Jakob Hemmer: Abhandlung über die deutsche Sprache zum Nutzen der Pfalz. Mannheim 1769 (vgl. auch Kluge, Anm. 68, S. 246f.).
70 Der Freimüthige II, 481 – nach Birlinger in der Alemannia IX, 265; (s. auch Kluge, Anm. 68, S. 249/250).
71 Vgl. Werner Besch: Entstehung und Ausformung der neuhochdeutschen Schriftsprache/ Standardsprache. In: Werner Besch/ Anne Betten/ Oskar Reichmann/ Stefan Sonderegger (Hrsg.): Sprachgeschichte. Ein Handbuch zur Geschichte der deutschen Sprache und ihrer Erforschung. 3. Teilbd. 2.,

vollst. überarb. u. erw. Aufl. Berlin, New York 2003 (Handbücher zur Sprach- und Kommunikationswissenschaft, 2.3), S. 2252-2296, hier S. 2285.

72 Der mitteldeutsch><oberdeutsche Gegensatz *e, i, i* >< *i, i, i* ist schon im 15. Jh. klar erkennbar, vgl. Karte 93 in W. Besch 1967, s. hier Anm. 5 und die Kommentierung dort, S. 305f.

73 Vgl. Anm. 59, Bd. IV, S. 76f.

74 Besch 1967, s. Anm. 5, S. 311 liefert eine Karte der Pluralendungen beim Verb in den Texten vornehmlich des 15. Jhs, ebenso weitere Angaben zu den rezenten Dialekten.

75 Max Hermann Jellinek: Geschichte der neuhochdeutschen Grammatik von den Anfängen bis auf Adelung. Bd. I. Heidelberg 1913, S. 237.

76 Konrad Burdach: Luthers Bedeutung für die Ausbildung der neuhochdeutschen Schriftsprache. In: Literarisches Zentralblatt 28. Januar 1891, Sp. 134-136 [Wiederabdruck in Herbert Wolf (Hrsg.): Luthers Deutsch. Sprachliche Leistung und Wirkung. Frankfurt/M. [u. a.] 1996 (Dokumentation Germanistischer Forschung, Bd. 2), S. 42-44].

77 Arno Schirokauer: Frühneuhochdeutsch. In: Wolfgang Stammler (Hrsg.): Deutsche Philologie im Aufriß. Bd. I. Berlin 1952, Sp. 1013-1076.

78 Virgil Moser: Historisch-grammatische Einführung in die frühneuhochdeutschen Schriftdialekte. Halle/S. 1909 [Neudruck, Darmstadt 1971; Teilabdruck in Wolf 1996, s. Anm. 76], S. 51f.

79 Hans Moser: Sprachgesellschaften. In: Klaus Kanzog/ Achim Masser (Hrsg.): Reallexikon der deutschen Literaturgeschichte. Bd. 4. 2. Aufl., Lief. 1 u. 2 (1979), S. 122-132, hier S. 122.

80 Werner Besch/Norbert Richard Wolf: Geschichte der deutschen Sprache. Berlin 2009, S. 180f. (verfasst v. N. R. Wolf).

81 Rudolf von Raumer: Zur Begründung der Schrift. Regeln und Wörterverzeichnis für die deutsche Orthographie (1875). In: Verhandlungen der Herstellung größerer Einigung in der deutschen Rechtschreibung berufenen Konferenz. Berlin, den 4.-15. Januar 1876. Veröffentlicht im Auftrage des Königl. Preußischen Unterrichtsministeriums. Halle 1876, S. 47-78.

82 Goethes Werke, Weimarer Ausgabe. I. Abt.: Werke, 40. Band, Weimar 1901, S. 139-168.

83 Martin Durrell hat das 1999 in einem erhellenden Artikel kontrastiv für das Englische und das Deutsche dargetan: „Standardsprache in England und Deutschland". In: Zeitschrift für Germanistische Linguistik 27 (1999), S. 285-308.

84 Zu weiteren Details des Verfahrens und der öffentlichen Reaktion vgl. Werner Besch: Aussprache-Standardisierung am grünen Tisch? Der ‚Siebs' nach 100 Jahren. In: Ioannis K. Androutsopoulos/ Evelyn Ziegler (Hrsg.): Standardfragen: Soziolinguistische Perspektiven auf Sprachgeschichte, Sprachkontakt und Sprachvariation. Frankfurt/M. 2003, 15-26. – Auch: Theodor Siebs: Deutsche Aussprache. Reine und gemäßigte Hochlautung mit Aussprachewörterbuch. 19., umgearb. Aufl. Berlin 1969.
85 Vgl. Siebs 1969, S. 4f., hier Anm. 84.
86 Bruno Boesch: Die Aussprache des Hochdeutschen in der Schweiz. Eine Wegleitung. Zürich 1957.
87 Grundlegend: Ulrich Ammon: Die deutsche Sprache in Deutschland, Österreich und der Schweiz. Das Problem der nationalen Varietäten. Berlin, New York 1995.
88 Ulrich Ammon/ Hans Bickel/ Jakob Ebner [u. a.]: Variantenwörterbuch des Deutschen. Die Standardsprache in Österreich, der Schweiz und Deutschland sowie in Liechtenstein, Luxemburg, Ostbelgien und Südtirol. Berlin, New York 2004.

ESVbasics

Geschichte der deutschen Sprache
Längsschnitte – Zeitstufen – Linguistische Studien

Von **Werner Besch** und **Norbert Richard Wolf**

2009, 347 Seiten, mit zahlreichen
Karten und Graphiken, €(D) 17,80
ISBN 978-3-503-09866-8
Grundlagen der Germanistik, Band 47

Das Buch informiert in drei Teilen über den Gang und die wesentlichen Aspekte der deutschen Sprachgeschichte. Die großen Zusammenhänge werden durch ‚Längsschnitt-Artikel' von den Anfängen im 8./9. Jahrhundert bis heute dargestellt (Teil I). Die folgenden Artikel arbeiten die besonderen Charakteristika der einzelnen Sprachepochen vom Althochdeutschen bis zum heutigen Neudeutsch heraus (Teil II). Schließlich bieten ‚Linguistische Studien' Einsichten in vieldiskutierte Lautwandelabläufe des Deutschen. Die großen Entwicklungen treten durch dieses Vorgehen besonders deutlich hervor.

Die Darstellung wird durch zahlreiche Karten, Tabellen und Abbildungen gestützt. Orientierungshilfen verschiedener Art sollen das Lesen und ein gezieltes Suchen erleichtern. Weiterführende Literatur kann im akademischen und gymnasialen Unterricht und auch dem sprachinteressierten Laien nützlich sein.

Weitere Informationen:

📕 www.ESV.info/978-3-503-13505-7

Kostenfrei aus dem deutschen
Festnetz bestellen: **0800 25 00 850**

Auf Wissen vertrauen

Erich Schmidt Verlag GmbH & Co. KG · Genthiner Str. 30 G · 10785 Berlin
Tel. (030) 25 00 85-265 · Fax (030) 25 00 85-275 · ESV@ESVmedien.de · www.ESV.info